www.tredition.de

In diesem Buch begleiten wir eine Person dabei, wie sie in Gesprächen und durch Übungen schrittweise immer besser in Kontakt mit sich selbst kommt, dabei ihr Unbewusstes als Partner gewinnt und als wertvolle Ressource für sich erschließt. Dieser Prozess führt sie zu immer mehr Klarheit über ihre eigenen Bedürfnisse und wie sie diese innerhalb der gegebenen Rahmenbedingungen bestmöglich erfüllen oder sogar den Rahmen günstig verändern kann. Die Leserinnen und Leser erleben an diesem Beispiel Übungen in ihrem Ablauf und in ihrem Wirken, so dass sie besser einschätzen können, welche Methoden auf dem eigenen Weg zu mehr Selbstwirksamkeit und Zufriedenheit für sie selbst hilfreich sein könnten. Im Buch wird vor allem der berufliche Alltag thematisiert. Die Übungen lassen sich jedoch in jeder Lebenssituation anwenden, um leichter zu Lösungen zu finden.

Anke Larro-Jacob

Als sie in den Spiegel sah

**Ein Weg zu mehr Klarheit,
Selbstwirksamkeit und
Zufriedenheit
mit Übungen für Dich**

www.tredition.de

© 2020 Anke Larro-Jacob

Verlag und Druck:
tredition GmbH, Halenreie 40-44, 22359 Hamburg

ISBN
Paperback: 978-3-347-14031-8
Hardcover: 978-3-347-14032-5
e-Book: 978-3-347-14033-2

Das einzig lebenswerte Abenteuer kann für den modernen Menschen nur noch innen zu finden sein.

Carl Gustav Jung

Für alle, die sich diesem Abenteuer stellen wollen

Jetzt ist es soweit!

Der Spiegel in ihrer Hand sah alt aus. Nicht nur die vielen Schnörkel auf der Vorder- und Rückseite waren ungewöhnlich fein gearbeitet, auch das Gewicht überraschte sie. Eigentlich konnte man diesen Gegenstand kaum als Spiegel bezeichnen, denn es gab ja überhaupt kein Spiegelbild! Dort, wo ihr Gesicht erscheinen sollte, befand sich zwar eine Glasfläche, aber dahinter lag nur eine rissige Metallschicht, die widerwillig ein paar Schemen zurückwarf. Gerade wollte sie dieses nutzlose Ding zurücklegen, da schien es ihr plötzlich, als wäre ein leichtes Vibrieren vom Spiegel in ihre Hand geflossen. Das konnte ja gar nicht sein! Sie untersuchte, ob sich irgendwo im Griff eine Batterie oder ein Akku versteckte, was erklären würde, warum das bisher für einen Spiegel gehaltene Etwas vibrierte. Aber wie sie es auch drehte und wendete, nichts war zu finden. Komisch. Also einfach wieder weglegen und weiter geht's. - Soweit kam sie aber nicht. Ihr letzter Blick auf den Spiegel ließ sich nicht mehr lösen! Sie stand einfach nur da und starrte den Spiegel an. Was sollte das? Sie rang mit dem Spiegel um die Kontrolle und versuchte wieder und wieder, den Blick abzuwenden. Aber es war wie verhext! Sie schaffte es nicht! Was willst du von mir, hörte sie sich denken. In diesem Moment huschte ein kurzes Leuchten über die blinde Oberfläche. „Ich will, dass Ihr meine Geschichte hört. Hört sie bis zum Ende an, dann gebe ich Euch frei." - Na prima! Jetzt war es also soweit. Die anstrengende Arbeit der letzten Jahre, die vielen Überstunden, die andauernde geistige Anspannung, die intensiven energieraubenden Diskussionen forderten ihren Tribut. Jetzt schnappte sie also über. Sie hatte keine Kontrolle mehr über ihre Motorik und hörte Stimmen, die sie in der zweiten Person Plural ansprachen. Sollte sie versuchen, um Hilfe zu rufen, damit man sie ins Krankenhaus begleitete? Und jemand musste Matthias Bescheid geben und ihm erklären, warum sie heute Abend und die nächsten Wochen nicht nach Hause kam. Er würde sich solche Sorgen machen! Aber wenigstens war er nicht allein. Er und Kater würden das schon gemeinsam schaffen… Mitten in ihre Gedanken um die Organisation ihrer Erkrankung platzte wieder die Stimme: „Wie habt Ihr Euch entschieden? Darf ich Euch berichten?" Da waren sie wieder, die Hirngespinste! Langsam stieg Panik in ihr hoch... Dann fragte sie sich, wie lange sie nun ausfallen würde, wie sie das den anderen erklären sollte und wer wohl inzwischen ihre Arbeit machen würde… Was sollte sie nur tun? Vielleicht half es für den Moment, sich die Geschichte der Stimme anzuhören, denn scheinbar war es ihrem Inneren wichtig, sie ihr zu erzählen. Sie sagte also zu sich: „Na gut, ich höre zu."

Der Spiegel ging großzügig, aber doch verwundert darüber hinweg, dass sie ihn als Gesprächspartner scheinbar ignorierte. Er begann zu erzählen: „Ich, der Spiegel, den Ihr die Ehre habt in der Hand zu halten, bin kein gewöhnlicher Spiegel. Vor vielen vielen hundert Jahren wurde ich dafür gemacht, um Menschen in die Welt hinter dem Spiegelbild zu begleiten. Sie mussten mich nur anschauen und schon öffnete sich vor ihnen das Tor in die andere Welt. Ich begleitete sie und wir erlebten so die wunderbarsten, aber auch schaurigsten Abenteuer! Von Hand zu Hand wanderte ich durch die Jahrhunderte immer zum nächsten Besitzer und war sehr zufrieden mit mir und der Erfüllung meiner Aufgabe! Bis zu diesem einen Tag… Wir waren in einer recht ungemütlichen Gegend in der anderen Welt unterwegs. Es wurde immer düsterer und kälter um uns herum. Wir mussten diesen finsteren Wald durchqueren, um den Weg nach Hause zu finden. Also konnten wir nicht umkehren, obwohl meiner Besitzerin und auch mir immer mehr Angst und Bange wurde. Und zu Recht, denn plötzlich stand ein alter, großer Zauberer vor uns. Er war sehr unfreundlich, bezeichnete uns als lästige Eindringlinge. Ein Wort gab das andere und schließlich kam es zum Kampf. Meine Besitzerin schlug sich wacker, aber sie war dem Zauberer weit unterlegen! Er besiegte sie recht bald. Zur Strafe und damit sie nie wieder zurückkommen und ihn belästigen konnte, musste sie mich hergeben. Nach einem kurzen Abschied und einer

Bitte um Vergebung übergab sie mich dem Zauberer. Der nahm mich mit einem höhnischen kurzen Lachen, schaute mich an und sofort wurde ich blind. Was weiter geschah, weiß ich nicht, denn ich konnte ja nichts mehr sehen! Man muss mich wohl weggeworfen, gefunden und an diesen Ort gebracht haben. Hier liege ich schon so lange, dass ich nicht weiß, wieviel Zeit seitdem vergangen sein mag. Was ich aber weiß ist, dass die edle Person, die mich hier findet, meine Erlösung bedeutet. Je länger ich hier lag, um so klarer wurde mir das. - Ihr seid also meine Erlösung! Ihr könnt mich wieder sehend machen! Ihr gebt mir meine alte Kraft zurück! Endlich ist es soweit!" - Na, da hatte sie sich ja eine ganz feine Geschichte zusammengesponnen. Erst diese ganze Dramatik und dann sie als Erlöserin. Als ob sie jemandem helfen konnte! Dafür hatte sie doch gar keine Zeit und schon gar keine Kraft! Den ganzen Tag von früh bis spät war sie mit ihrer Arbeit beschäftigt – und zwar voll beschäftigt – und wenn sie abends nach Hause kam, konnte sie gerade noch Matthias einen Kuss geben, Kater füttern, aus den Businessklamotten in die Jogginghose wechseln und dann für den restlichen Abend auf die Couch sinken, wenn sie nicht noch einiges für die Arbeit zu tun hatte. Wie konnte sie da jemandem helfen? Geschweige denn Heldin spielen und jemanden erlösen! Wo hatte sie denn überhaupt diese abwegigen Gedanken her? Na egal, jetzt musste sie erst einmal dafür sorgen, dass sie hier herauskam, und sich ernsthaft um sich selbst kümmern. Sie bewegte vorsichtig den Kopf und dann die Arme. Die Starre hatte sich zum Glück wieder aufgelöst. Sie schaute sich vorsichtig im Laden um. War jemandem aufgefallen, wie sie hier herumgestanden hatte? Scheinbar nein, niemand beachtete sie. Jetzt ging es also wieder und sie brauchte wohl doch keinen Krankenwagen. Nochmal Glück gehabt! Das war aber ein Warnschuss und auf eine Fortsetzung hatte sie ganz bestimmt keine Lust!

Wohin jetzt mit dem Spiegel? Wo hatte sie ihn eigentlich hergenommen? Er war auf einmal in ihrer Hand gewesen und dann fing das ganze Theater an.

Ihre Blicke suchten nach einem passenden Ort, um ihn wieder zurückzulegen. Aber sonderbarerweise schien keiner geeignet. Viel eher stieg der Wunsch in ihr auf, den Spiegel mitzunehmen, auch wenn sie wirklich nicht wusste, was sie mit einem blinden alten Spiegel anfangen sollte. Wie ferngesteuert näherte sie sich der Kasse, zahlte den genannten Preis und verließ den Laden. Draußen wendete sie sich um. Diesen Laden hatte sie noch nie beachtet. Sie sah ihn heute zum ersten Mal. Eigentlich war sie auf der Suche nach einem schnellen Mittagessen gewesen. Wieso war sie denn überhaupt in den Laden gegangen? Dass sie sich daran nicht erinnern konnte, war sicher eines dieser Überlastungssymptome so wie vorhin auch die Starre und die Stimme. Es stand also wirklich nicht gut um sie... Und weshalb hatte sie jetzt eigentlich diesen Spiegel mitgenommen? Na, das Mittagessen konnte sie jetzt jedenfalls vergessen. Die Zeit war um und sie musste schleunigst zurück ins Büro, um ihr Tagespensum mit sowenig Überstunden wie nur möglich zu schaffen. Sie hatte noch eine kleine Notreserve in der Schublade, die musste heute eben herhalten. Und am Abend erwartete sie schließlich ein leckeres Essen von Matthias. Was er wohl dazu sagen würde, wenn sie ihm erzählte, was ihr heute passiert war? Es würde ihn auf jeden Fall bestätigen. Hatte er nicht schon lange gewarnt, dass sie sich noch kaputtarbeiten würde, wenn sie so weitermachte? Wie dumm, dass sie ihm nun recht geben musste.

Veränderung – aber wie?

Auf dem Rückweg zur Arbeit war sie ganz in Gedanken versunken. Wenn sie nun tatsächlich so nicht mehr weitermachen konnte (und alles sprach dafür), wie sollte sie dann die notwendigen Veränderungen umsetzen? Was sie dafür tun musste, war ihr eigentlich klar und sie hatte es auch schon mehrere Male versucht – nur bisher mit äußerst geringem Erfolg. Mit Matthias hatte sie oft darüber gesprochen, dass sie früher aus dem Büro heimgehen müsste, um noch Zeit für Sport oder einfach nur für sich und für ihre Beziehung zu haben. Er hatte viel Verständnis für ihre Situation, wusste aber letztendlich auch nicht, wie sie das umsetzen könnte. Die wenigen Versuche, pünktlich zu gehen, scheiterten regelmäßig an besonders dringlichen Aufgaben, die noch am selben Tag fertig werden mussten. Sie bekam dann zwar Anerkennung für ihre Leistung und fand das anfangs auch schön, aber mit der Zeit konnte das Lob die zunehmende Leere in ihr nicht mehr ausgleichen und sie nahm es nur noch bitter zur Kenntnis. In letzter Zeit hatte sie sogar hin und wieder mit dem Gedanken gespielt, den Job zu wechseln, um es nochmal von vorn und diesmal ganz richtig zu versuchen. Aber was würde sich denn durch einen neuen Job ändern? Sie würde sich in die neue Herausforderung stürzen, alles geben, um den Job richtig gut zu machen, von der Anerkennung getrieben noch mehr leisten... Das war offensichtlich nicht die Lösung. Vielleicht musste sie sich tatsächlich Hilfe von außen holen?

Ihre Arbeitskollegin und Fastfreundin Sarah hatte im letzten Jahr eine längere Pause machen müssen, weil ihr die Arbeit über den Kopf gewachsen war. Seitdem wirkte sie tatsächlich verändert, ruhte irgendwie mehr in sich. Sie würde Sarah nach einer Adresse fragen.

„Weshalb fragst du danach? Geht es dir nicht gut?" fragte Sarah. Mist, sie hätte sich eine Erklärung zurechtlegen sollen. Sie konnte doch unmöglich zugeben, dass sie Stimmen hörte! „Äh, nein, mein Onkel hat gerade einen Burnout und ich möchte ihm helfen, einen guten Therapeuten zu finden, damit er schnell wieder auf die Beine kommt. Du weißt ja, als Familie muss man zusammenhalten und besonders in so einer Lage braucht man ja Unterstützung. Ich hoffe, dass ich selbst nie in diese Situation komme, wo mir mein Körper nicht mehr gehorcht und ich Stimmen höre..." Sarah sah sie misstrauisch an, als sie ihr die Adresse des Therapeuten reichte. „Also mir hat er gut geholfen. Viel Erfolg!"

Was sagte man eigentlich so einem Therapeuten? Der würde sie doch für verrückt halten, wenn sie ihm erzählte, was ihr passiert war... Hmm, das war ja irgendwie auch der Grund, weshalb sie einen Therapeuten brauchte, oder?... Also einfach alles sagen? Oder besser nicht? Vielleicht bekam er es ja mit der Angst zu tun und würde gar nicht erst mit ihr arbeiten wollen, sie statt dessen gleich an eine Klinik verweisen? Was würde sie dann tun? Sie beschloss, ihn erst einmal anzurufen und dann spontan weiterzusehen. Kaum war sie allein im Büro, wählte sie die Nummer des Therapeuten. Nur der Anrufbeantworter ging dran: Sprechzeit morgen früh zwischen 7.15 und 7.45 Uhr? Na das fing ja gut an!

Essen mal anders

Als sie am Abend nach Hause kam, stand Matthias in der Küche. Der verlockende Duft des Essens empfing sie gleich beim Hereinkommen. Wie schön, dass er für sie beide kochte! Ohne ihn wäre sie wahrscheinlich schon längst verwahrlost und würde abends nur Tiefkühlpizza oder Instant-Nudeln essen. Kater strich ihr um die Beine und spekulierte ebenfalls auf ein Abendessen. Nach einer kurzen Begrüßung für Matthias und einem vollen Napf für Kater konnte sie endlich die Absatzschuhe, das enge Kostüm und die feine Bluse loswerden und gegen die herrlich bequeme Schlabberhose tauschen, in der sie ihre Arbeitskollegen niemals wiedererkannt hätten! Puh, was war das für ein Tag gewesen! Sie ging in die Küche, schlich sich von hinten an Matthias heran, legte die Arme um ihn und schaute über seine Schulter in die Töpfe. Das lecker duftende Curry war fast fertig.

Als sie gemeinsam den Tisch deckten, erzählte sie von ihrem Erlebnis im Laden und dass sie daraufhin beschlossen hatte, nun ernsthaft etwas an ihrer Lebensführung zu ändern bevor sie endgültig verrückt werden würde. Matthias schaute sie besorgt an. „Ich bin froh, dass du dich entschlossen hast, nun endlich tatsächlich etwas zu ändern und ich hoffe, dass es dir gelingen wird. Weißt du was", sein Gesicht hellte sich plötzlich auf, „wir fangen am besten gleich mit der Veränderung an. In dem Buch, das ich aktuell lese, habe ich eine Übung gefunden, die wir gleich ausprobieren können. Es geht um achtsames Essen." Sie zog erstaunt und ein wenig skeptisch die Augenbrauen hoch. Was sollte das denn? Musste jetzt auch noch das Essen anstrengend werden indem man eine Übung daraus machte? Eigentlich wollte sie nur ganz entspannt mit dem leckeren, warmen Essen ihren Bauch füllen und sich dann zufrieden zurücklehnen. Aber sie sah es Matthias an, dass es jetzt kein Zurück mehr gab. Er war so begeistert von seiner Idee, dass sie ihm freundlich zunickte und ihm damit signalisierte, dass sie seinen

Vorschlag annahm. Als sie gleich darauf gemütlich bei Kerzenschein am gedeckten Tisch saßen, begann er mit der Übung: „Schau dir zuerst einmal deinen Teller an. Sieh, wie das Essen dampft und freu dich über die Wärme, die es dir gleich schenken wird. Bewundere die satte gelbe Farbe des Currys im Kontrast zum Reis daneben. Lass diese Farbe durch deine Augen in deinen Körper fließen und ihn mit dieser frohen Farbe anfüllen." Er machte eine Pause, damit sie sich beide auf die Farbe konzentrieren konnten. Es war, als würden sie mit den Augen essen. Das Essen kam ihr auf einmal viel näher vor, wie herangezoomt, und sie konnte die Details deutlicher erkennen. Das satte Currygelb leuchtete ihr vom Teller entgegen. Es heiterte sie ein wenig auf und sie begann, leicht zu lächeln. „Nun such dir ein Stück Gemüse aus, spieß es auf die Gabel und führe es an deine Nase. Sauge den Geruch intensiv ein als wolltest du deinen Körper ganz damit füllen. Hmm.... Läuft dir auch gerade das Wasser im Munde zusammen?... Nun führe das Stück an deine Lippen. Fühlt es sich noch warm an? Ist es hart oder weich, rauh oder glatt, trocken oder feucht? Ertaste es mit den Lippen und nimm dann auch die Zungenspitze zu Hilfe." Sie wurde langsam ungeduldig, denn der leckere Bissen wollte schon längst in ihren Mund wandern. Inzwischen war sie wirklich hungrig! Aber Matthias zuliebe folgte sie seiner Anleitung. Und irgendwie war es doch auch interessant, sich in dieser Weise der Speise zu nähern. Sie wurde immer aufmerksamer und entdeckte nach und nach mehr Details an diesem Stück, auf die sie vorher gar nicht geachtet hatte. „Nun nimm das Stück in den Mund, aber kaue es noch nicht. Lass es erst einmal in deinem Mund herumwandern und ertaste es mit der Zunge, aber auch durch den Kontakt mit den Zähnen oder den Wangen und dem Gaumen. Ist es weich oder bietet es Widerstand? Ist es rund oder hat es Kanten? Wie fühlt sich der Druck gegen die Wangen oder gegen die Zähne an? Welcher Geschmack ist wo im Mund wahrnehmbar? Erkunde mit dem Stück deinen Mundraum... Und dann darfst du es endlich kauen! Aber ganz langsam! Achte dabei auf die Konsistenz und wie sich möglicherweise der Geschmack beim Zerkleinern noch einmal verändert und entfaltet. Mach dir bewusst, dass dieses Stück Gemüse Teil einer Pflanze war, die im Boden gewachsen ist und durch Sonne, Luft, Erde und Wasser ernährt wurde. Sie hat wertvolle Nährstoffe aufgenommen und in ihre Substanz umgewandelt. Spüre die Wärme und Kraft der Sonnenstrahlen, die erfrischenden Wassertropfen des Regens und des Taus auf den Blättern, das Wasser, das die Nährstoffe über die Wurzeln an die Pflanze gebracht hat... Lass dich nun über dieses Stück Gemüse von all diesen Elementen ebenfalls nähren. Nimm ihre Energie auf während du das Gemüse kaust und zerkleinerst und spüre, wie dabei Kraft in Dich hineinfließt... Wo ist die Pflanze gewachsen? Stell dir ihre Umgebung vor und versetze dich für einen Moment dort hin. Mach wenn Du willst einen kleinen Kurzurlaub an dem Ort, an dem deine Nahrung gewachsen ist. Ist das nicht herrlich hier?... Nun schluck das gut zerkleinerte Gemüse hinunter und bedanke dich bei ihm dafür, dass es dich nährt und dir seine Kraft und Energie schenkt!" Sie schluckte.

Dann schlug sie die Augen auf, die sie während der Übung irgendwann geschlossen hatte. Was für ein schönes Gefühl hatte sich in ihr ausgebreitet! Sie war voller Dankbarkeit und angefüllt mit zahlreichen Sinneseindrücken. Dabei hatte sie doch nur ein Stück Gemüse gegessen! Matthias lächelte sie an als er sah, dass die Übung ein voller Erfolg gewesen war. Genussvoll schweigend setzten sie ihre Mahlzeit fort. Hin und wieder lächelten sie einander an, waren aber die meiste Zeit mit sich und dem Genießen des Essens beschäftigt. Merkwürdigerweise waren sie schon bald satt, obwohl sie nur etwa die Hälfte der sonst üblichen Portion gegessen hatten. Sie fühlten sich wohlig und zufrieden. Diese Mahlzeit war ein wundervoller Auftakt für einen Abend zu zweit.

Weisheiten eines Spiegels

Am nächsten Morgen erreichte sie endlich den Therapeuten. Wartezeit bis zum ersten Termin vier Monate?! Nachdem sie kurz das Thema erläutert hatte, empfahl er ihr, in der Zwischenzeit mit Freunden ins Gespräch zu gehen, Sport zu machen und einen Achtsamkeitskurs zu besuchen. Viel Glück! - Na vielen Dank auch! Und bis später – in vier Monaten. War das wirklich sein Ernst? Was konnte in der Zwischenzeit alles passieren, wenn sie einfach so weitermachte? Von allein würde es bestimmt nicht besser werden, das wusste sie ja aus den vergangenen Jahren schon. Als sie am Abend Matthias von ihrem geringen Erfolg berichtete, griff er über den Tisch nach ihrer Hand und versuchte, ihr Mut zu machen. „Geh doch mal zu so einem Achtsamkeitskurs. Da sind sicher noch mehr Leute wie du dabei. Vielleicht sind einige schon einen Schritt weiter und haben gute Tipps für dich?" Das konnte schon sein, aber wann sollte sie das denn machen? Immerhin war sie jeden Tag bis abends im Büro! Vielleicht war

es eine gute Idee, doch noch einmal mit Sarah sprechen? Wenn sie jetzt genauer darüber nachdachte,
schien es Sarah seit ihrer Auszeit besser zu schaffen,
pünktlich das Büro zu verlassen.

Am nächsten Morgen wunderte sie sich auf dem
Weg zur Arbeit darüber, dass ihre Tasche so schwer
war. Als sie in deren Tiefen nachschaute, stieß sie
auf den Spiegel, der seit gestern Mittag dort drin auf
sie gewartet hatte. Er fühlte sich merkwürdig vertraut an und so umfasste sie ihn in der Tasche, während sie schon ein paar Schritte weiterlief. Plötzlich
war da wieder dieses Vibrieren. Sie blieb stehen,
nahm den Spiegel aus der Tasche und untersuchte
ihn noch einmal eingehend. Das konnte doch nicht
sein! Woher kam denn dieses Vibrieren? „Es wurde
aber Zeit, dass Ihr Euch wieder mir zuwendet! Eure
Aufgabe ist es, mich zu erlösen! Wann gedenkt Ihr,
damit anzufangen?" Merkwürdig, immer wenn sie
den Spiegel in die Hand nahm, hörte sie diese Stimme in ihrem Inneren. Und vorher spürte sie jedes
Mal dieses Vibrieren. Vielleicht sendete der Spiegel

irgendwelche Strahlen aus, die ihr Gehirn schädigten, so dass sie fantasierte? Das wäre ja unheimlich! Keine Ahnung, wie sowas technisch möglich war. Eins war aber klar: sie musste den Spiegel schnellstmöglich loswerden! Dennoch steckte sie ihn in die Tasche zurück statt ihn einfach in den nächsten Mülleimer zu werfen. Verwundert beobachtete sie sich dabei, aber noch bevor sie etwas daran ändern konnte, meldete sich wieder die Stimme: „Ihr wollt Euch von mir trennen? So könnt Ihr mir doch auf keinen Fall helfen! Ihr habt mich aus dem Laden, wie Ihr es nennt, geholt, nun seid Ihr auch für meine Erlösung verantwortlich! Ihr könnt Euch nicht einfach entziehen!" Jetzt konnten diese Manipulierer auch noch ihre Gedanken lesen! Was sollte sie nur tun? „Das ist doch offensichtlich! Bemüht Euch doch endlich um meine Erlösung! Ich würde ja gern dabei behilflich sein. Aber in Eurer heutigen Welt kenne ich mich nicht aus, deshalb kann ich Euch nicht unterstützen. Und außerdem kann ich nichts sehen, wie Euch bereits bekannt sein dürfte!" Hmm, so allmächtig schien dieser Gedankenleser ja doch nicht zu sein. Offensichtlich war er sogar auf sie angewiesen. Sie überlegte. Selbst wenn es nur eine Stimme aus ihrem eigenen Gehirn war, passte diese Erlösungs-Idee ja eigentlich ziemlich gut zu ihrem eigenen aktuellen Thema. Und was hatte sie schon zu verlieren, wenn sie sowieso gerade auf dem besten Weg war, verrückt zu werden? Vielleicht lohnte es sich ja, sich auf dieses Spiel einzulassen? Auch wenn es völlig absurd war... „Hallo, können Sie mich hören?" „Aber natürlich kann ich Euch hören, ich bin ja direkt neben Euch." Sie schaute sich schnell um. Aber niemand war in ihrer Nähe. Die Stimme konnte also nur aus ihrem Gehirn oder aus ihrer Tasche kommen. „Sie wollen also von mir erlöst werden?" „Ja, Ihr seid dazu auserwählt. Ihr habt geruht, mich aus dem Laden zu befreien. Zuvor hat sich niemand für mich interessiert! Also seid Ihr ganz eindeutig meine Erlöserin!" „Ich habe aber gar keine Ahnung, wie ich Sie erlösen könnte. Können Sie mir nicht zumindest einen Tipp geben, wie ich das anfangen soll?" „Oh, das bringt mich nun etwas in Verlegenheit. Ich war davon ausgegangen, dass Ihr wisst, was zu tun ist. Haben die Menschen heutzutage etwa die Grundlagen vergessen? Was für ein verwirrtes und kompliziertes Leben muss das sein!... Nun gut, ich werde versuchen, Euch ein wenig auf die Sprünge zu helfen. Also: Natürlich wisst Ihr noch nicht, wie Ihr mich ganz konkret erlösen könnt, denn es ist eine ganz neue Aufgabe für Euch. Aber Ihr werdet es herausfinden, wenn Ihr das Ziel – mich zu erlösen - klar vor Augen behaltet und Euch dann von den sogenannten Zufällen leiten lasst. Damit das funktioniert, müsst Ihr Euer Energieniveau hoch halten. Ihr erkennt es daran, wenn Euch die Welt strahlend und leicht erscheint und Ihr Euch sogar mit fremden Menschen verbunden fühlt. Wenn Ihr sie anlächelt, lächeln sie meist zurück, weil Ihr aufgrund der Energie eine so schöne Ausstrahlung habt. In diesem Zustand werden Euch Dinge passieren, die Euch wie glückliche Zufälle vorkommen. Das sind sie aber nicht. Es sind Hilfen, damit Ihr den richtigen Weg leichter findet. Nur, wenn Ihr auf einem ausreichend hohen Energieniveau seid, kommt Ihr in Resonanz und dann kann Euch diese Hilfe zuteil werden." „Aber wie komme ich denn auf ein höheres Energieniveau? Aktuell geht es mir miserabel!" „Die Übung von gestern Abend, das genussvolle Essen, sie war doch ein ganz ausgezeichneter Anfang, oder?" Stimmt. Während dieser Übung war sie immer ruhiger und zentrierter geworden und hatte sich schließlich sehr wohl gefühlt. Das war also eine Möglichkeit, um die eigene Energie zu erhöhen? „Es gibt noch viele weitere Übungen. Wichtig ist, dass Ihr sie auch durchführt. Sonst sinkt Eure Energie wieder ab. In Eurem Alltag scheint es ja ziemlich viele Energieräuber zu geben. Deshalb braucht Ihr über den Tag verteilt mehrere Energiequellen. Und mit der Zeit werdet Ihr ein Gefühl dafür bekommen, was Euch gut tut und was nicht. Dann könnt Ihr den einen oder anderen Energieraub sogar bewusst vermeiden." Das klang vielversprechend. Sie konnte also dadurch, dass sie für ihr Wohlbefinden sorgte, gleichzeitig an der Erlösung des Spiegels arbeiten (Wenn es tatsächlich der Spiegel war, der zu ihr sprach - was natürlich vollkommen unmöglich war!). Aber wann und wie konnte sie etwas für sich selbst tun? Sie war ja bekanntermaßen nicht wirklich Herrin über ihre Zeit. Vielleicht hatte Sarah ja einen Tipp für sie? Der Spiegel atmete auf. Seine Erlöserin wollte ihn nicht mehr loswerden und hatte seinen Ausführungen sogar folgen können. Endlich ein Fortschritt!

Vier Lebensbereiche

Im Büro angekommen, suchte sie Sarah und fand sie am Kaffeeautomaten. „Vielen Dank noch einmal für die Adresse des Therapeuten. Er hat zwar erst in vier Monaten einen Termin für meinen Onkel frei, aber das ist doch besser als gar nichts." Sie setzte sich zu Sarah an den Tresen. „Du sagtest, der Therapeut habe dir gut geholfen. Mich würde interessieren, wie ihm das gelungen ist. Möchtest du mir etwas darüber erzählen?" „Naja, hauptsächlich hat er mir geholfen, meine Prioritäten im Leben zu erkennen und dann danach zu handeln. Das klingt einfacher als es tatsächlich war. Zum Beispiel hat er mich gebeten, meine Lebenbalance in den vier Lebensbereichen zu reflektieren. Das entsprechende Modell ist vom Gründer der Positiven Psychotherapie Dr. Nossrat Peseschkian entwickelt worden und wird häufig eingesetzt, weil es so einfach und gleichzeitig effektiv ist. Ich überlegte also, wieviel Zeit ich jeweils für meine Gesundheit, meine Familie und Freunde, für meine Arbeit und Finanzen und für

Sinn und Kultur im Leben investierte und ob das meiner Wunschaufteilung entsprach. Diese Wunschaufteilung ist eine sehr persönliche Angelegenheit und verändert sich auch im Laufe eines Lebens. Sie hat sehr viel mit den eigenen Werten und Zielen zu tun. Unzufriedenheit im Leben liegt häufig darin begründet, dass sich unsere Realität zu weit von unseren Wünschen entfernt hat. Es hat mir geholfen, mir das vor Augen zu führen. Gemeinsam mit dem Therapeuten habe ich dann Wege erarbeitet, wie ich die Balance in die gewünschte Richtung verändern kann." „Wie ist es dir denn gelungen, das zu verändern? Du warst doch genauso eingespannt im Job wie ich und heute kommst du mir wesentlich ausgeruhter und zufriedener vor." „Oh, das freut mich, dass man mir das auch äußerlich anmerkt! Ja, ich habe einiges verändert. Als mir klar wurde, dass ich gute Leistungen im Job auf Dauer nur bringen kann, wenn es mir gut geht, habe ich aufgehört, auf Kosten meiner Gesundheit immer länger zu arbeiten und mich unter Druck zu setzen. Letztendlich sank meine Produktivität ohnehin mit jeder Viertelstunde, die ich länger blieb. Und am nächsten Tag war ich müde und abgeschlagen, weil mir die Erholungszeit fehlte. Heute weiß ich, dass es für meine Arbeit am besten ist, wenn ich zum Feierabend nach Hause gehe, mich entspanne, Spaß habe und etwas für meine Fitness und für meine Zufriedenheit tue. Diese Sicht hat mich sehr entlastet und lässt mich mit gutem Gewissen gehen, auch wenn noch Arbeit auf dem Schreibtisch liegt." „Und was haben die anderen dazu gesagt, zum Beispiel dein Chef?" „Ich habe ihm die Situation erklärt. Letztendlich hatte er die Wahl, eine gute Mitarbeiterin zu verlieren – ob nun wegen eines Burnouts oder wegen eines verzweifelten Jobwechsels – oder sich mit meiner neuen Arbeitsweise zu arrangieren. Inzwischen hat er erleben können, dass meine Leistungsfähigkeit jetzt sogar noch höher und kontinuierlicher ist und er fängt schon selbst an, hin und wieder pünktlich zu gehen. Bei den Kollegen war es an der ein oder anderen Stelle nicht so einfach, Akzeptanz für mein geändertes Verhalten zu finden. Aber inzwischen haben sich alle umgestellt und es funktioniert ganz gut. Übrigens ist der Bereich Sinn und Kultur nicht zu unterschätzen. Im Salutogenese-Modell, das die Frage beantwortet, was Menschen gesund erhält, ist die Sinnhaftigkeit neben Verstehbarkeit und Handhabbarkeit einer der drei Bausteine, die zu Kohärenzgefühl führen, einem grundsätzlichen Gefühl der Verbundenheit, das unsere Gesundheit stärkt."

Das Gespräch mit Sarah hatte ihr zu denken gegeben. Bisher war sie der Meinung gewesen, dass sich nichts an ihrer Situation ändern ließe, weil eben mehr Arbeit da war als sie an einem Tag erledigen konnte. Bei Sarah war das auch so und doch hatte sie etwas verändern können. Es schien niemanden wirklich zu stören. Natürlich gab es eine Übergangszeit mit Irritationen und fragenden Blicken. Aber durch Gespräche und Konsequenz hatte Sarah es geschafft. Das musste doch auch für sie möglich sein! Nach dem Abendessen nahm sie sich ein weißes Blatt, zeichnete eine Säule darauf und teilte sie in vier Abschnitte ein, die den Anteilen der vier Lebensbereiche in ihrem aktuellen Leben entsprachen.

Daneben zeichnete sie eine weitere Säule, diesmal mit ihrer Wunschaufteilung. Tja, da gab es vom Wunsch deutliche Abweichungen zugunsten des Bereiches Arbeit und Finanzen. Wenn sie diesen Anteil reduzierte, wie würde sie dann wohl die gewonnene Zeit für die anderen Bereiche sinnvoll nutzen wollen? Nach und nach fielen ihr tausend Dinge ein, die sie vermisste oder für die sie einfach keine Zeit fand. Sie schrieb sie erst einmal alle auf und überlegte dann, womit sie beginnen wollte. Im Ergebnis wählte sie für jeden der drei stiefmütterlich behandelten Bereiche eine Aktivität aus und suchte an den kommenden Tagen nach passenden Zeitfenstern dafür. Ja, wenn sie es schaffte, pünktlich zu gehen, war das machbar. Sie zeigte Matthias ihren Plan. Er staunte nicht schlecht, mit welcher Entschlossenheit sie plötzlich ans Werk ging. Die Angst vor dem Verrücktwerden hatte anscheinend etwas in Bewegung gesetzt. Er freute sich für sie und schlug dann vor, dass sie den Sportanteil doch gemeinsam gestalten könnten. Wie wäre es mit einer Fahrradtour oder einem Badmintonmatch? Ihre Augen leuchteten, als sie sich vorstellte, wie sie ihn besiegen würde! Das würde ein Spaß werden!

In Verbindung sein

Am nächsten Tag beschloss sie spontan, nicht wie gewohnt mit dem Bus bis zur Arbeit zu fahren, sondern zwei Haltestellen früher auszusteigen und ein Stück durch den Park zu gehen, der in der Morgensonne sicher herrlich aussah. Die frische Luft würde ihr gut tun und sie hätte ein wenig Bewegung, auch wenn das mit den Absatzschuhen nur eingeschränkt möglich war. Warum zog sie diese Schuhe eigentlich nicht erst im Büro an?

Auf dem Weg durch den Park erinnerte sie sich an den Spiegel und zog ihn aus der Tasche. Hier im Tageslicht konnte sie ihr Gesicht etwas deutlicher auf der rissigen Metallfläche schimmern sehen als noch vor zwei Tagen im Laden. Ein leichtes Vibrieren zeigte ihr an, dass jetzt die Stimme wieder auftauchen würde. „Guten Morgen! Ich spüre ganz deutlich, dass es Euch heute besser geht als gestern! Gut gemacht! Habt Ihr Interesse an weiterem Grundlagenwissen?" Nun, die Tipps von gestern waren ja ganz gut gewesen, warum also nicht? „Ich denke, es wäre angebracht, dass Ihr eine weitere Übung kennenlernt, um Euer Energieniveau zu erhöhen. Schaut Euch doch einmal um, ob Ihr eine besonders schöne Pflanze entdecken könnt." Sie betrachtete ihre Umgebung. Hier im Park gab es die unterschiedlichsten Pflanzen. Unter all den Bäumen, Sträuchern und Stauden entdeckte sie ihre Lieblingsblume, einen Rittersporn. Seine Blüten leuchteten in einem wunderbar intensiven Blau. Sie näherte sich der Pflanze und antwortete: „Ich habe einen Rittersporn gefunden." „Was für ein passender Name! Dann können wir ja beginnen. Schaut Euch nun diese Pflanze ganz genau und in jedem Detail an. Wie wundervoll die einzelnen Blüten aufgebaut sind, wie die Äderchen in den Blütenblättern verlaufen, wie sich die Knospen von den aufgeblühten oder den verwelkten Blüten unterscheiden, wieviel Kraft und Lebensfreude diese Pflanze ausstrahlt, wie ihre sattgrünen, gezackten Blätter in die Welt hineinragen und das Licht aufsaugen. Freut Euch an der Schönheit und lasst diese Vollkommenheit ganz auf Euch wirken. Spürt die Verbindung zwischen

Euch und der Pflanze, wie Ihr in ein Zwiegespräch kommt und Energie zwischen Euch strömt. Nehmt Euch dafür etwas Zeit…" Der Spiegel machte eine längere Pause. „Bedankt Euch dann schließlich bei der Pflanze und verabschiedet Euch."

Wie aus einem Traum wachte sie auf und betrachtete den Rittersporn erneut. Die Farben wirkten irgendwie strahlender und die Blüten prächtiger als vorher. Die ganze Pflanze schien ihr auf einmal imposanter und vitaler. Und auch sie selbst war voller Energie. „Diese Übung könnt Ihr jederzeit wiederholen, wenn Ihr ein lebendiges Wesen in Eurer Nähe habt. Grundvoraussetzung ist, dass Ihr Euch gut fühlt. Nur so seid Ihr in Resonanz mit der universellen Energie und tauscht sie mit dem anderen Lebewesen aus. Andernfalls zieht Ihr ihm nur Energie ab und das Ergebnis wäre nicht zufriedenstellend. Achtet also darauf, dass Ihr nicht selbst als Energieräuber agiert. Das passiert zum Beispiel, wenn Ihr mit jemandem in Streit geratet. In solchen Situationen ringt Ihr mit dem anderen um seine und um Eure

Energie. Ziel ist es aber, sich an die universelle Energiequelle anzuschließen statt von anderen Energie zu stehlen. Durch den Energieaustausch mit anderen Lebewesen kann die eigene Energie um ein Vielfaches erhöht werden." Sie sah den Spiegel staunend an. Sowas hatte sie ja noch nie gehört. Wir holen uns Energie von oben wie aus einer Steckdose? Und beim Energieaustausch mit anderen Lebewesen war das sozusagen eine Starkstrom-Steckdose? Kaum zu glauben. Allerdings hatte sie soeben den Effekt am eigenen Leibe gespürt. Sie fühlte sich immernoch viel vitaler als vor der Übung. Die Umgebung schien auch heller geworden zu sein, als wäre sie in ein weiches Licht getaucht. Sie setzte ihren Weg zur Arbeit fort und nahm dabei die Pflanzen am Wegrand ganz bewusst wahr. Auch die Menschen, die ihr vereinzelt im Park begegneten, betrachtete sie mit anderen Augen. Eine Frau mit Kinderwagen kam ihr entgegen, einige Jogger überholten sie. Etwas weiter entfernt konnte sie eine Yoga-Gruppe beobachten. Von diesen Menschen ging eine wunderbare Ruhe und Konzentration aus.

Im Büro angekommen, überlegte sie, wie sie das soeben Erlebte in ihren Arbeitsalltag hinüberretten konnte. Sie beschloss, ihre Büropflanze als Trainingspartner zu nutzen und mit ihr immer wieder ins Zwiegespräch zu gehen. Voraussetzung war, dass sie sich bei der Übung wohlfühlte. Also würde sie sich vorher einen leckeren Tee machen und den Kontakt mit der Pflanze mit einer Teepause verbinden. Sonderbar, diese Pflanze hatte sie bisher kaum beachtet. Sie gehörte wie die anderen Möbelstücke hier einfach zum Inventar und wurde regelmäßig von einer Firma gepflegt. Jetzt entdeckte sie zum ersten Mal, dass sich da unten ein neuer Trieb bildete und wie herrlich grün die Blätter waren. Zufrieden wendete sie sich ihrer Arbeit zu.

In der Mittagspause machte sie einen kleinen Spaziergang, um sich wie jeden Tag etwas zu essen zu besorgen. Dabei kam sie auch an einem kleinen Buchladen vorbei. Die Tür war mit Veranstaltungsankündigungen beklebt. Ein Wort fing ihren Blick und sie schaute genauer hin: Achtsamkeitskurs,

Start am 28. - das war ja schon morgen. Kurzentschlossen ging sie in den Laden hinein und fragte, ob es für den Kurs noch einen freien Platz gäbe. „Ja, wir haben gerade eine Absage bekommen, deshalb können Sie nachrücken. Da haben Sie aber Glück gehabt!" Lächelnd verließ sie den Laden. Was für ein Zufall! Eben erst hatte sie mit Matthias darüber gesprochen, schon hatte sie einen passenden Kurs gefunden und es gab genau noch einen Platz - für sie. Nun, das war ein weiterer Ansporn, abends pünktlich zu gehen. Für heute Abend stand auf jeden Fall ihr Sieg im Badminton auf dem Programm!

Kannst du mal schnell?

Gerade als sie das Büro verlassen wollte, stürmte ihr Kollege ins Büro. „Gut, dass ich dich noch antreffe! Ich brauche dringend diese Auswertung für meine Präsentation morgen früh! Kannst du sie mir bitte schnell noch erstellen und rüberschicken?" Sie wollte gerade ihre Tasche zurückstellen und den Rechner noch einmal hochfahren, als es in ihrer Tasche leicht vibrierte. Sie hielt inne. „Moment mal. Eigentlich wollte ich gerade gehen. Ich bin verabredet. Wie lange weißt du denn schon, dass du diese Auswertung brauchst?" „Naja, die Aufgabe habe ich schon vor drei Wochen bekommen, aber erst heute Mittag bin ich dazu gekommen, mich endlich dranzusetzen. Und jetzt ist mir aufgefallen, dass diese Auswertung meine Argumentation gut untermauern würde." „Was hättest du denn gemacht, wenn ich schon gegangen wäre oder heute gar nicht im Büro gewesen wäre?" „Na dann müsste es auch ohne diese Auswertung gehen. Aber zum Glück bist du ja noch da! Du bleibst doch sonst auch immer länger."

„Da hast du zwar recht, aber ich kann dir die Auswertung heute leider nicht mehr erstellen, denn ich
bin verabredet und muss pünktlich los. Bitte plane
dir für deine Anfrage das nächste Mal mehr Vorlauf
ein, damit ich mir ein Zeitfenster dafür freihalten
und dich ohne Zeitdruck unterstützen kann. Dann
helfe ich dir gern!" Mit diesen Worten nahm sie die
Tasche, verabschiedete sich von ihm und ging aus
dem Raum. Erst als sie das Gebäude verlassen und
schon den Park erreicht hatte, merkte sie, dass sie
plötzlich völlig erschöpft war. Sie setzte sich auf
eine Parkbank. Was war nur in sie gefahren? Sie hatte noch nie einen Kollegen einfach im Stich gelassen!
Was, wenn er nun sauer auf sie war und sie beim
nächsten Mal auch nicht unterstützte? Andererseits
war es schon etwas wagemutig, diese Präsentation
erst so kurzfristig vorzubereiten. Da musste man damit rechnen, dass nicht alles glatt ging. Und warum
sollte sie auf ihren Abend mit Matthias verzichten,
um das kurzsichtige Vorgehen ihres Kollegen aus-
zubaden? In ihrer Tasche hörte sie eine Stimme: „Ich
habe den Eindruck, Euch könnte eine Reinigung Eu-

rer Energie gut tun." Eine Reinigung ihrer Energie? War sie denn schmutzig? Sie prüfte mit schnellen Blicken, ob sie irgendwo einen Fleck hatte! „Nein, das meine ich nicht! Schließt einfach die Augen und nehmt ein paar tiefe Atemzüge. Stellt Euch nun vor, wie Ihr unter einem klaren Wasserfall steht. Das Wasser fließt angenehm über Euren Kopf den Körper hinunter, prasselt auf Eure Schultern und strömt den Rücken herab…" Der Spiegel wartete einen Moment, bevor er weitersprach: „Dabei nimmt das Wasser allen Schmutz mit, der sich im Laufe des Tages angesammelt hat. Beobachtet, wie sich der Schmutz von Euch löst, hinunterfließt, an den Füßen den Körper verlässt und mit dem Wasser fortgespült wird… Wenn der letzte Schmutz abgewaschen wurde, fühlt sich Euer Körper ganz leicht und gelöst an… Tretet nun aus dem Wasserfall heraus und lasst Euch von den warmen Sonnenstrahlen trocknen. Das Licht der Sonne tanzt über Euren Körper, wärmt und trocknet ihn und lädt ihn gleichzeitig mit neuer Energie auf... Ihr nehmt die Energie in jede einzelne Zelle auf, so dass Euer Körper schließ-

lich von innen heraus vor Vollkommenheit und Gesundheit hell strahlt... Öffnet nun beim nächsten
Atemzug Eure Augen und spürt in Euren Körper
hinein, wie er sich anfühlt." Sie saß ruhig auf der
Bank. Die Abendsonne schien wie verzaubert an
einzelnen Stellen durch die Blätter der Bäume. Ein
milder Wind strich durch den Park. Sie fühlte sich
angenehm warm und belebt. Dennoch lief ein leichter Schauer durch ihren Körper. Die Situation im
Büro lag nun weit hinter ihr. Sie wusste, dass sie das
Richtige getan hatte. Und sie freute sich darüber,
dass es ihr gelungen war. Dankbarkeit für diese
schöne Übung stieg leise in ihr auf. Dann sprang sie
auf und machte sich auf den Weg zum Badminton,
wo Matthias wahrscheinlich schon mit den Sportsa-
chen auf sie wartete.

Alles eine Frage der Priorität

Der Hinterraum des Buchladens, in dem der Achtsamkeitskurs stattfinden sollte, entpuppte sich als hübscher kleiner Seminarraum mit einem großen, bodentiefen Fenster, das den Blick in einen romantischen, grünen Innenhof freigab. Die Sonnenstrahlen des frühen Abends fielen hinein und machten die tanzenden Staubpartikel in der Luft sichtbar. Einige Kursteilnehmende waren schon vor ihr eingetroffen und sprachen miteinander. Für jeden und jede lag ein Kissen und eine Matte bereit, eine Decke hatte sie selbst mitgebracht. In der Mitte des Kreises stand ein schöner Blumenstrauß und gedämpfte Musik erfüllte den Raum. Die Kursleiterin löste sich aus der Gruppe und kam auf sie zu, um sie zu begrüßen. „Herzlich willkommen, such dir einen Platz aus und mach es dir bequem!" Als schließlich alle im Kreis auf den Kissen saßen, stellte sich die Kursleiterin zunächst einmal vor und erklärte dann, dass die Ursprünge des Achtsamkeitstrainings, das sie hier üben wollten, im Buddhismus lagen. Ende der

70er Jahre wurde es von Professor Jon Kabat-Zinn entwickelt, der selbst Zen praktizierte und die Achtsamkeit für die Anwendung bei „austherapierten" Patienten aus ihrem spirituellen Kontext gelöst hatte. Das Training beinhalte acht Termine und tägliches selbständiges Training von circa 20 Minuten. Hier stönten einige Teilnehmende auf. Tatsächlich war dieser Punkt für viele eine Herausforderung, da sie sich nicht vorstellen konnten, wo sie dieses Zeitfenster in ihrem Alltag finden sollten. Das war auch verständlich, da sie wie alle anderen Menschen ihre 24 Stunden pro Tag ausgefüllt hatten. Die Frage war nur, womit? Und ob diese bisherigen Tätigkeiten ihnen tatsächlich mehr Wohlbefinden brachten als das regelmäßige Achtsamkeitstraining es bewirken konnte. Alle sollten deshalb individuell prüfen, was für dieses tägliche Training Platz machen konnte und sich dann diesen Raum dafür nehmen. Es war also wieder einmal eine Frage des Bewusstwerdens und der Priorisierung.

Nachdem sich alle Teilnehmenden kurz vorgestellt hatten, begann die Trainerin gleich mit der ersten Übung, einer Atemmeditation. Dafür legten sich alle auf ihre Matten, machten es sich mit den Kissen und Decken bequem und konzentrierten dann ihre Aufmerksamkeit auf ihren Atem. Sobald sie feststellten, dass sie ihren Gedanken gefolgt und nicht mehr bei ihrem Atem waren, was am Anfang ganz normal war, sollten sie ihre Aufmerksamkeit freundlich wieder zu ihrem Atem zurückführen. Dabei kam es nicht darauf an, niemals vom Atem wegzuwandern, sondern vielmehr in konsequenter Weise immer wieder zu ihm zurückzukehren. Bewertungen, Selbstbeschimpfungen, perfektionistische Ansprüche, Nullfehlertoleranz funkten bei dem ein oder anderen Teilnehmer dazwischen und nahmen mit stillen Selbstgesprächen ihren Raum ein. Das führte aber nicht zum Ziel. Nur das Beobachten des Atems, die liebevolle Wahrnehmung des Wanderns und das freundliche Zurückführen waren Bestandteil der Übung. Dadurch wurde die Fokussierung geübt. Jedes Wegwandern war eine Gelegenheit, den Fokussierungs-"Muskel" erneut zu trainieren. Obwohl die Trainerin die Übung hervorragend in dieser entlastenden Weise anleitete, hatten doch einige Teilnehmende Probleme damit, dies bewertungsfrei umzusetzen. Zu stark waren die Stimmen ihrer inneren Antreiber: „Das muss doch klappen!", „Jetzt konzentrier dich doch endlich!", „Das kann doch nicht wahr sein, jetzt bist du schon wieder abgedriftet!". Die liebevolle Stimme in ihnen musste erst wieder ermutigt werden, aus ihrer Ecke herauszukommen, in die sie über viele Jahre verdrängt worden war.

Als sich die Teilnehmenden in Anschluss an die Übung über ihr Erleben austauschten, erkannten sie, dass fast alle von ihnen mehr oder weniger mit diesem gleichen Thema gekämpft hatten. Der Weg zur buddhistischen annehmenden Haltung schien also noch weit, aber es war allen klar geworden, dass es sich lohnte, sich auf diesen Weg zu begeben. Als die Kursstunde zu Ende war, packte sie ihre Sachen zusammen und wollte sich auf den Heimweg machen.

Eine Teilnehmerin fragte, ob noch jemand Lust hätte, sich an diesem schönen Abend in ein Straßencafe zu setzen und sich noch ein wenig auszutauschen. Nach kurzem Zögern entschloss sie sich mitzugehen. Matthias erwartete sie nicht zum Abendessen und er hatte das Füttern von Kater übernommen. Wann war sie eigentlich das letzte Mal einfach so spontan ausgegangen?

Die Wahl zwischen Realitäten

Die kleine Gruppe fand einen schönen Platz im nächsten Straßencafe, in dem sie noch die letzten Strahlen der Abendsonne genießen konnten. Es entspannen sich muntere Gespräche zwischen den Sitznachbarn, Empfehlungen zur Speisenkarte wurden ausgetauscht, Bestellungen aufgegeben. Sie saß neben einer etwas älteren, sympathisch wirkenden Frau und fragte sie nach ihrem Eindruck vom ersten Kursabend. „Oh, ich fand es wundervoll! Ich beschäftige mich schon längere Zeit mit Entspannungstechniken und habe schon Yoga, Qi Gong und Progressive Muskelentspannung ausprobiert. Das sind auch ganz wunderbare Techniken. Beim Achtsamkeitstraining gefällt mir aber besonders die Haltung, die sich hoffentlich mit der Zeit auch bei mir herausbildet. Wir üben ja, Dinge nicht gleich zu bewerten und in Schubladen zu stecken, sondern sie erst einmal nur wahrzunehmen. Das finde ich gar nicht so einfach. Deshalb möchte ich es in diesem Kurs endlich intensiv üben. Ich verspreche mir davon, dass ich in stressigen Situationen gelassener bleiben kann." „Wie kann das denn funktionieren?" „Üblicherweise reagieren wir ja mit einem bestimmten Verhalten oder einer typischen Körperreaktion auf einen Stressreiz. Die dazwischenliegende Bewertung der stressauslösenden Situation geht ganz schnell und unbewusst. Durch das Achtsamkeitstraining möchte ich lernen, nicht gleich in die automatische Bewertung zu springen und dann in eingefahrener Weise zu reagieren, sondern die Situation erst einmal wahrzunehmen und mir dann meine Reaktion aus verschiedenen möglichen Optionen auszuwählen. Die heutige Übung war für mich ein erster Schritt, mir meiner inneren Antreiber und Dialoge etwas bewusster zu werden. Durch das Training des Fokussierungs-"Muskels" werde ich es hoffentlich bald schaffen, mich nicht mehr von ihnen einfach forttragen zu lassen. - Und wie hat dir der Abend gefallen?" „Ich hatte ganz schön zu kämpfen. Einerseits fand ich es unmöglich von mir, dass ich immer wieder mit meinen Gedanken weggewandert bin, andererseits wusste ich, dass ich mich durch meine innere Kritik noch weiter vom Atem weg-brachte. Ich habe gemerkt, dass es mir sehr schwer fiel, nachsichtig mit mir umzugehen und mir das Abschweifen zu verzeihen." „Ja, das kann ich gut verstehen! Ich habe lange gebraucht, bis ich gelernt hatte, mich mit mir selbst zu versöhnen. Dabei hat mir die hypnosystemische Sichtweise geholfen, die ich in einer Klinik kennengelernt habe, als ich in ei-ner schwierigen Lebensphase war. Wir haben dort die unterschiedlichen Anteile, die in jedem von uns existieren, durch Symbole, Bilder oder Musik sicht-bar gemacht und sind mit ihnen ins Gespräch ge-kommen. Es war sehr aufschlussreich für mich her-auszufinden, dass auch die Anteile, die ich ablehnte, weil ich mich vor ihnen fürchtete oder weil ich sie nicht als Teil von mir akzeptieren konnte, eigentlich nur mein Wohlbefinden zum Ziel hatten. Jeder von ihnen agierte aus seiner Sicht aus ganz in meinem Sinne. Nur dass diese unterschiedlichen Sichtweisen eben nicht immer harmonierten und sich daraus in-nere Konflikte entwickelten. Das führte dazu, dass schließlich einzelne Anteile als Sieger im Vordergrund standen während andere irgendwo im Schatten ihr Dasein fristeten. Dadurch konnte ich erstens nicht auf mein volles Potenzial zugreifen, zweitens war ich durch die dominanten Anteile ziemlich festgelegt in meinem Verhalten und drittens versuchten die zurückgedrängten Anteile immer wieder, sich auch Geltung zu verschaffen, um ihren Beitrag für mich leisten zu können. Die harmlose Variante dieser Versuche sind die sogenannten Freudschen Versprecher, in denen sie zu Wort kommen. Oder man hat einen blinden Fleck, eine Schwäche, die alle sehen können, außer man selbst. Schlimmer wird es, wenn sie sich in körperlichen oder psychischen Erkrankungen manifestieren. Das war bei mir der Fall, denn ich hatte einige Anteile lange Zeit erfolgreich ignoriert. Das muss man auch erst einmal schaffen! Durch die Arbeit mit Dr. Gunther Schmidt wurde es mir möglich, das Potential dieser Anteile zu erkennen und sie aus ihrer Ecke hervorzuholen. Du kannst dir gar nicht vorstellen, was das für eine Wirkung hatte! Wenn ich heute vor einem größeren Problem stehe, nehme ich mir Zeit und frage meine inneren Anteile, wie sie die Sache jeweils sehen. Dabei ändert sich häufig meine Sicht auf das Problem und ich komme meistens zu einer guten Lösung." „Das klingt wirklich gut. Und der Therapeut konnte dir dabei helfen, diese Anteile zu erkennen?" „Ja, in der Hypnosystemik arbeitet man viel mit diesen unbewussten Anteilen und holt sie als Helfer ins Bewusstsein. Aber das ist nur ein Aspekt dieser Arbeit. Man geht davon aus, dass jeder Mensch seine eigene Sicht auf die Welt hat. Das bedeutet, dass es keine allgemeingültige Wahrheit gibt, sondern dass sich Realität immer in diesem Moment zwischen den jeweiligen Akteuren bildet. Durch Bildung kleiner Unterschiede kann sich schon wieder das gesamte System verändern. Dr. Gunther Schmidt zum Beispiel, der Vater der hypnosystemischen Therapie und Beratung, bezeichnet sich gern als Realitätenkellner: Es sind ganz unterschiedliche Sichtweisen auf ein und dieselbe Sache möglich. Man hat die Wahl, sich für eine Realität zu entscheiden, am besten unter Berücksichtigung der Auswirkungen, die mit dieser Sicht auf die Dinge zusammenhängen.

Letztendlich kommt es nicht auf das Problem oder auf eine Tatsache an, sondern auf die Beziehung, die wir dazu aufbauen." „Das klingt ganz schön schräg! Heißt das, wir beide sehen gerade unterschiedliche Varianten von diesem Glas Wein?" „Ja, genau das heißt es. Wir könnten jetzt durch unsere Unterhaltung über dieses Glas Wein versuchen, unsere Bilder abzugleichen und uns auf eins verständigen. Das wäre dann unsere gemeinsame Realität. Deshalb ist Kommunikation so wichtig – um Sichtweisen abzugleichen." Ihre Tischnachbarin lehnte sich zurück und lachte, als sie ihren irritierten Gesichtsausdruck sah. „So tief musst du aber gar nicht in die Theorie einsteigen. Während des Klinikaufenthaltes haben wir immer wieder solche sogenannten Produktinformationen erhalten, um unsere Psyche und die therapeutischen Interventionen besser verstehen zu können. Denn es war dem Therapeutenteam wichtig, uns aufzuzeigen, dass nicht etwa sie wissen, wie unsere Lösung aussieht, sondern dass nur wir selbst dieses Wissen besitzen. Die Lösung existiert schon irgendwo in uns selbst. Wir müssen sie nur hervorholen. Das war erst einmal etwas enttäuschend für mich, denn ich hatte von den Therapeuten erwartet, dass sie mir sagen, was ich ganz konkret tun soll, damit es mir besser geht. Aber mit der Zeit verstand ich, dass es langfristig die bessere Strategie ist, es selbst herauszufinden. So kam ich schrittweise wieder an meine Ressourcen heran und kann mir auch heute noch recht gut selbst helfen, wenn ich in eine schwierige Situation komme. Die Therapeuten haben uns mit Fragen und Übungen durch diesen Prozess hin zu unserer eigenen Lösung begleitet. Diese Begegnung auf Augenhöhe war sehr wohltuend. Ich habe mich gesehen und angenommen gefühlt, so wie ich bin. Das hat es mir möglich gemacht, auch meine vermeintlichen Schwächen anzusehen und mit ihnen zu arbeiten… Aber du musst aktuell eigentlich nur wissen, dass du mit dir selbst ins Gespräch gehen kannst und dass die Anteile optimalerweise zusammenarbeiten sollten, damit die unterschiedlichen Sichtweisen Berücksichtigung finden. Je nach Situation hat dann mal der eine und mal die andere das Sagen. Dadurch erweiterst du dein

Handlungsspektrum und kannst freier entscheiden." Wie es schien, gab es einige Dinge, über die sie sich noch nie Gedanken gemacht hatte! Jetzt schwirrte ihr schon ganz schön der Kopf! Sie fand es faszinierend, was sie heute Abend erfahren hatte, doch fürs erste war es genug. Sie bedankte sich für das anregende Gespräch und tauschte mit ihr die Telefonnummern aus, um in Kontakt zu bleiben. Ach ja, Annette war ihr Name. Dann verabschiedete sie sich und freute sich auf dem Heimweg schon auf den nächsten Achtsamkeitsabend!

Anteile im Gespräch

Da der darauffolgende Tag ein Samstag war, konnte sie sich in aller Ruhe beim Frühstück mit Matthias über ihre Erlebnisse der letzten Tage unterhalten. „Mann, du hast ja ein ganz schönes Tempo drauf! Da ist wohl ein Knoten geplatzt, was? Wie fühlst du dich denn auf diesem neuen Weg?" „Ehrlich gesagt fühle ich mich wie in einem Karussell. Meine bisherigen Ansichten werden durcheinandergewirbelt und mit neuen Erkenntnissen vermischt. Das muss ich jetzt erst einmal sortieren. Grundsätzlich habe ich erkannt, dass mir meine bisherige Lebensweise nicht wirklich gut getan hat und dass es aber auch viele Möglichkeiten gibt, daran etwas zu ändern. Ich kann auf unterschiedliche Weise wieder stärker in Kontakt mit mir kommen und besser für mich sorgen, damit mein Energiehaushalt passt. So fühle ich mich häufiger wohl und kann günstigere Entscheidungen treffen." „Ich freue mich sehr für dich, dass du dich jetzt auf diesen Weg gemacht hast." „Ja, irgendwie fing alles mit diesem Spiegel an. Seit ich ihn gefunden habe, treffe ich Menschen, mit denen ich interessante Gespräche führe und bekomme Einblick in Dinge, von deren Existenz ich überhaupt nichts gewusst habe!" „Der Spiegel ist also so etwas wie dein Glücksbringer?" „Na so weit würde ich nicht gehen, schließlich kann er ja nicht zaubern, schon gar nicht, wenn er die ganze Zeit in meiner Tasche steckt. Aber irgendwie stimmt es dann doch. Seit ich ihn habe, reiht sich ein guter Moment an den anderen, so zum Beispiel auch mein Sieg gegen dich beim Badminton." Sie grinste ihn an. Matthias schmunzelte und sagte dann: „Lass uns das mit den unterschiedlichen Anteilen doch mal ausprobieren, damit ich es auch verstehen kann." „Gut, welches Beispiel wollen wir denn nehmen?" „Na vielleicht die Situation im Büro, als dich der Kollege so spät um die Auswertung gebeten hat. Welche Anteile haben denn da in dir gesprochen?" „Ich denke, dass ein Anteil mein Pflichtgefühl war. Ich habe es als meine Aufgabe gesehen, dem Kollegen zu helfen. Und ein anderer Anteil war mein Wunsch, Feierabend zu machen und mich mit dir zu treffen, also für meine Entspannung und Freude zu sorgen. Dieser Anteil war im ersten Moment im Hintergrund und das Pflichtgefühl für meine Arbeit wollte eindeutig das Ruder übernehmen und meine eigenen Interessen beiseitelassen. Aber dann kam auf einmal ein Trotz auf. Ich fragte mich, warum der Kollege nicht schon eher auf mich zugekommen war, obwohl er die Arbeit doch schon seit drei Wochen auf dem Tisch hatte. Und als er dann sagte, dass er die Präsentation zur Not auch ohne die Auswertung halten könnte, gewann der Anteil die Oberhand, der für meine eigenen Wünsche eintrat."

„Woher kam denn plötzlich der Trotz?" „Ja, so kenne ich mich gar nicht. Normalerweise ist es mir wichtig, den anderen alles recht zu machen, damit niemand auf mich sauer ist. Dass auf einmal meine eigenen Bedürfnisse auch zählen dürfen, ist neu für mich." „Genau das ist mir nämlich auch aufgefallen. Deshalb würde es mich schon interessieren, wie dir diese Änderung gelungen ist." „Hmm, ich glaube, meine Tasche hat gebrummt." „Deine Tasche hat gebrummt?" „Ja, in dem Moment, als ich mich wieder

an den PC setzen wollte, vibrierte meine Tasche."
„Was hast du denn in der Tasche, das vibrieren
könnte?" „Naja, mir kommt es so vor, als ob der
Spiegel hin und wieder vibriert. Und danach höre
ich oft diese Stimme, die mit mir spricht." „Der Spiegel hat also vibriert als du dich gerade an die Aufgabe setzen wolltest?" „Ja, das ist schon seltsam, oder?
Jedenfalls bin ich dadurch wie aus einer Trance auf-
gewacht und habe mich gefragt, ob das richtig ist,
was ich gerade tue. Dann kam der Trotz." „Ok, das
Vibrieren des Spiegels hat also dein gewohntes Muster der Pflichterfüllung unterbrochen und dadurch
konnte sich ein anderer Anteil zeigen, der sonst keine Chance gehabt hätte?" „Ja, so scheint es. Und
dann habe ich durch Nachfragen zusätzliche Informationen von meinem Kollegen erhalten, die mich
zu der Erkenntnis geführt haben, dass es ja doch
nicht so wichtig ist, ihm diese Auswertung zu lie-
fern. Dadurch fiel es mir leichter, mein eigenes Bedürfnis nach einem frühen Feierabend über seinen
Wunsch zu stellen." „Das war doch wirklich ein guter Anfang. Lass uns mal den einzelnen Anteilen

eine Stimme geben, wie es Annette beschrieben hat."
Matthias stand auf und holte einige weiße Blätter.
„Also ich habe jetzt verschiedene Aspekte aus deiner Schilderung herausgehört. Da ist einmal das Pflichtgefühl für deine Arbeit und dem Kollegen gegenüber, dann dein Wunsch, es allen recht machen zu wollen. Außerdem gibt es dein Bedürfnis nach Erholung und Freude und dann den Trotz. Wo ist eigentlich dein Pflichtgefühl mir gegenüber? Immerhin hatten wir eine Verabredung!" Betroffen schaute sie ihn an. „Wie es scheint, sitzt das noch in irgendeiner Ecke..." Matthias zog die Augenbrauen hoch, sagte aber nichts dazu. Er hatte auf die Blätter jeweils einen Anteil geschrieben während er sprach. Jetzt lagen die fünf Blätter vor ihnen auf dem Boden. „So, jetzt stell dich mal auf das erste Blatt, das Pflichtgefühl für deine Arbeit, und lass diesen Anteil erzählen, wie er die Situation erlebt hat." Sie stellte sich auf das Blatt und spürte einen Moment lang in sich hinein, um dieses Pflichtgefühl zu aktivieren. Dann sprach sie: „Ich, das Pflichtgefühl für die Arbeit, sehe es als selbstverständlich an, dass ich in der

Arbeit immer das tue, was von mir erwartet wird und volle Leistung bringe. Immerhin werde ich dafür bezahlt. Man vertraut mir Aufgaben an, weil man von mir weiß, dass ich diese Aufgaben zuverlässig und gut erledige. Diese Erwartung will ich unbedingt erfüllen. Da müssen eben auch mal die Zähne zusammengebissen werden, wenn es etwas länger dauert." Sie schaute Matthias begeistert an. „Es funktioniert!" Er nickte und bat sie, sich nun auf das nächste Blatt zu stellen, den Wunsch, es allen recht zu machen. Kaum fing sie an zu sprechen, wunderten sich beide, dass ihre Stimme leicht verändert klang, etwas kindlicher. „Mir ist es wichtig, dass alle mit mir zufrieden sind. Nur dann lieben sie mich. Ich tue deshalb alles, um ihnen zu gefallen. Ich möchte doch einfach nur geliebt werden!" Nun, das war eine klare Botschaft. Sie sah zu Matthias: „Kann es sein, dass diese beiden Anteile eng miteinander zusammenhängen? Wenn ich meine Aufgaben in der Arbeit zuverlässig erledige, hoffe ich, dass ich dann von allen gemocht werde?" „Das klingt irgendwie schlüssig, obwohl es ja völlig unrealistisch ist." Das schien diesen Anteilen aber egal zu sein. Es war eben ihre Sicht auf die Dinge. „Jetzt lass uns mal auf den dritten Anteil schauen, deine eigenen Bedürfnisse." Sie stellte sich auf dieses Blatt und spürte hinein. „Wir sorgen dafür, dass unser Körper und unsere Seele alles hat, was sie zum Leben brauchen. Wir sind essentiell. Wenn man uns missachtet, nehmen beide irgendwann Schaden. Deshalb sollte man besser auf uns hören. Trotzdem werden wir häufig zur Seite geschoben als ob es uns nicht gäbe. Das haben wir jetzt lang genug mitgemacht! Jetzt sind wir mal dran!" „Und jetzt der Trotz." „Genau, wieso muss ich eigentlich immer zurückstecken, damit andere ihre Wünsche erfüllt bekommen? Wo bleiben denn meine eigenen Wünsche? Die sind ja wohl auch wichtig! Vielleicht sogar wichtiger als alles andere?" Wieder zeigte sich eine Verbindung zwischen zwei Anteilen. Jetzt stand es 2 gegen 2. „Und jetzt schau doch mal, ob du noch irgendwo das Pflichtgefühl mir gegenüber finden kannst." Sie stellte sich auf das letzte Blatt. „Matthias ist immer für mich da. Seine Zuwendung scheint mir selbstverständlich zu sein. Dabei ist es einfach nur ein großes Glück, dass wir zwei uns gefunden haben. Dieses Glück sollte ich viel größer schätzen und es bewusst genießen! Es ist so wunderbar, diesen Partner zu haben. Ich möchte viel mehr Zeit mit ihm verbringen und auch zuverlässig für ihn da sein, wenn er mich braucht!" Sie schauten sich an und lächelten beide. Dann sagte Matthias: „Jetzt versuch doch mal, die Anteile miteinander ins Gespräch zu bringen." Sie stellte sich neben die fünf Blätter und wartete, von welchem ein Impuls für den Gesprächsanfang ausging. Er kam vom Pflichtgefühl für die Arbeit und sie stellte sich auf das Blatt. „Ich finde, dass Ihr es Euch zu einfach macht. Immer nur nach den eigenen Bedürfnissen zu handeln, geht nunmal nicht. Es gibt Verpflichtungen! Geld verdienen zum Beispiel. Wenn Ihr nur das tut, was Euch gerade gefällt, seid Ihr den Job aber ganz schnell los." Dann sprachen die eigenen Bedürfnisse: „Und was nützt das alles, wenn wir danach erschöpft auf dem Sofa liegen und irgendwann gar nicht mehr aufstehen können? So kann es ja auch nicht weitergehen. Es wird Zeit, dass wir mal für uns sorgen!" „Jawoll", rief der Trotz dazwischen „jetzt sind wir endlich mal dran!" Das Bedürfnis, es allen recht zu machen meldete sich mit weinerlicher Stimme: „Aber wenn Ihr Euch nur um Euch kümmert, bleibt die Arbeit liegen und die Kollegen und der Chef werden ganz böse! Das will ich nicht!" Hier lenkten die Bedürfnisse ein: „Naja, es ist sicher auch nicht in unserem Interesse, den Job zu verlieren. Schließlich brauchen wir ja Geld zum Leben." „Endlich ein weises Wort", meldete sich das Pflichtgefühl, „was haltet Ihr also davon, wenn wir einen Kompromiss schließen?" „Gute Idee, wie kann der aussehen?" „Wir machen gemeinsam unsere Arbeit so gut wie möglich, sorgen aber durch regelmäßige Pausen und einen pünktlichen Feierabend dafür, dass unsere Bedürfnisse erfüllt werden. Wenn Kollegen deshalb sauer werden, suchen wir mit ihnen das Gespräch und erklären es ihnen. Wer das dann immernoch nicht versteht, muss wohl erst am eigenen Leibe erfahren, weshalb es wichtig ist, für sich zu sorgen." Hier seufzte der Anteil, der es allen recht machen möchte. „Durch konsequentes Handeln werden wir unsere Umgebung nach und nach an die Veränderungen gewöhnen, so dass sie sich darauf einstellen kann. Auch unter den neuen Rahmenbedingungen werden wir die Arbeit gut und zuverlässig erledigen, so dass am Ende wieder Zufriedenheit herrschen wird." „Das heißt, wir müssen uns eigentlich nur selbst daran erinnern, auf unsere Bedürfnisse zu achten?" „Wie bekommen wir das denn besser hin als bisher?" „Gibt es vielleicht etwas, mit dem wir uns im Alltag daran erinnern können, zum Beispiel ein Symbol?" Hier meldete sich das Pflichtgefühl für Matthias zu Wort: „Wie wäre es mit einem Federball? Der erinnert uns an Entspannung, Spaß und Leichtigkeit und vor allem auch an die Zeit mit Matthias. Und er ist klein genug, um auf dem Schreibtisch seinen Platz zu finden." „Gute Idee!" waren sich da alle einig. - Hier endete das Gespräch der Anteile. Sie setzte sich wieder auf ihren Stuhl und betrachtete die fünf Blätter. „Schon komisch, was da alles los ist in einem drin."

Leben ist Entwicklung

Am Nachmittag räumte sie wie jedes Wochenende ihre Tasche aus, um auszumisten, was sich während der Woche darin angesammelt hatte. Dabei stieß sie natürlich wieder auf den Spiegel. Sie nahm ihn heraus und betrachtete ihn. Merkwürdig. Im Laden hatte er doch einige Risse mehr in der Metallschicht unter dem Glas gehabt als jetzt! Wie konnte das denn sein? Wahrscheinlich hatte das diffuse Licht im Laden die Risse reflektiert und dadurch einen anderen Eindruck erzeugt. Schließlich konnte sich der Spiegel ja nicht selbst heilen! Er vibrierte. „Nun, wie fühlt Ihr Euch? Ihr scheint einen interessanten Prozess zu erleben. In Eurem Inneren herrscht ziemliches Chaos, aber Euer Energiezustand ist sehr gut!" „Ja, aktuell ist viel los. Seit wir uns begegnet sind, jagt eine interessante Erkenntnis die nächste." „Das höre ich gern! Es geht also voran mit meiner Erlösung!" „Also ob das Auswirkungen auf die Erlösung haben wird, kann ich nicht versprechen." „Doch doch, Eure Entwicklung trägt dazu bei, dass sich Euer Energieniveau verbessert und das wiederum fördert die Zufälle, die schließlich zu meiner Erlösung beitragen werden. Wisst Ihr, das ganze Leben besteht aus Entwicklung. Ihr habt Euch Lebensziele gesetzt, an die Ihr Euch heute leider nicht mehr bewusst erinnert. Um diese Ziele zu erreichen, bekommt Ihr eine Lernaufgabe nach der anderen. Sobald Ihr eine Aufgabe erfolgreich gelöst habt, steht schon die nächste mit einem neuen Ziel oder mit einer vertieften Variante desselben Ziels vor der Tür. Mit jeder Lösung macht Ihr einen Entwicklungsschritt. Hin und wieder kann es vorkommen, dass man einer Aufgabe ausweichen will, weil man sie als zu unangenehm oder als zu groß empfindet. Dazu sollte man aber wissen, dass die Aufgaben immer nur so groß sind, dass Ihr sie auch zum aktuellen Zeitpunkt bewältigen könnt. Und außerdem nützt es nichts, sie zu vermeiden. Sobald man meint, eine Aufgabe umschifft zu haben, wird das Lernziel durch eine andere, weniger leicht umgehbare Aufgabe erneut präsentiert. Wenn man trotzdem bei seiner Strategie bleibt, vergrößert sich die

Aufgabe immer weiter bis man ihr nicht mehr ausweichen kann. Dann wird es meinst sehr unangenehm. Und spätestens jetzt muss man diese Aufgabe lösen. Also kann man es ja auch gleich erledigen, nicht wahr? Wozu all dieses Leid und dieses Ringen, das aus dem Ausweichen resultiert? Ich freue mich für Euch, dass Ihr aktuell einen Schritt nach dem anderen geht und in Eurer Entwicklung zügig voranschreitet!" So hatte sie das noch gar nicht gesehen. Die Erlebnisse der letzten Woche hatten in ihr eine Entwicklung angeregt? Nun, wenn sie es in diesem Licht betrachtete, musste sie dem Spiegel recht geben. Sie war mit ganz neuen Ideen in Kontakt gekommen und hatte verschiedenes ausprobiert. Aktuell fühlte sie sich tatsächlich anders als noch vor einer Woche. Sie spürte sich selbst stärker, war besser gelaunt und voller Energie, hatte Lust auf gemeinsame Aktivitäten mit Matthias, nahm sich mehr Zeit für sich und für Gespräche mit anderen und achtete stärker auf ihre Bedürfnisse.

Sie hatte sich vorgenommen, ihre Achtsamkeits-übung auf den Abend zu legen. Hier konnte sie die zwanzig Minuten am besten unterbringen und gleichzeitig gut vom Tag abschalten. Matthias war informiert und Kater ausgesperrt, so dass sie im Gästezimmer, in dem sie sich einen Übungsbereich eingerichtet hatte, ihre Ruhe finden konnte. Sie setz-te sich hin und erinnerte sich zuerst einmal an die Anleitung der Kursleiterin und worauf es bei der Übung ankam. Nun begann sie, ruhig zu atmen und mit ihrer Aufmerksamkeit dem Atem zu folgen. Ei-nige Atemzüge lang klappte das gut… dann wan-derten ihre Gedanken zur Arbeit und wie sie wohl das pünktliche Gehen auf Dauer umsetzen konnte. Huch, … schnell wieder zurück zur Atmung. Ein, aus, ein, aus, … irgendwann wurde es ihr langweilig und die Gedanken wanderten wieder… zurück zur Atmung… Es gelang ihr diesmal schon viel besser als beim letzten Mal, sich nicht für ihre Abschwei-fungen zu beschimpfen. Und zum Teil konnte sie auch eine Weile mit der Aufmerksamkeit bei ihrer Atmung bleiben. Es lohnte sich also zu üben. Doch für heute Abend war es genug. Stolz räumte sie ihr Meditationskissen auf die Seite und ging zurück zu Matthias und Kater.

Ein neuer Chef

Am Montag gab es in der Arbeit eine Überraschung. Ohne dass es jemand geahnt hatte, war in der Führungsebene ein Wechsel vollzogen worden. Jetzt hatte sie auf einmal einen neuen Chef. Er kam aus einer anderen Abteilung. Von den Kollegen dort hatte sie mitbekommen, dass diese ziemlich erleichtert waren, ihn loszusein. Na das konnte ja heiter werden! Alle wurden gleich zu einem Meeting gerufen und der neue Chef, Herr Schneider, hielt eine kleine Auftaktrede. Er sprach von hohen Erwartungen an seine Mitarbeiter und vom Mitziehen, Mittelmaß sei keine Option und überdurchschnittliche Leistungen das Mindeste. Früher hätte sie sich an dieser Stelle vielleicht gefreut, weil sie zeigen konnte, was in ihr steckte und weil sie bei diesem Chef vielleicht endlich Aufstiegschancen gehabt hätte. Doch nun war das anders. Wie passte so ein Chef zu ihrem Versuch, das Arbeitspensum zu reduzieren? Nachdenklich verließ sie das Meeting und stieß an der Tür beinahe mit Sarah zusammen. „Na, hat dich diese Rede auch so motiviert wie mich?", fragte Sarah schmunzelnd. „Ehrlich gesagt mache ich mir eher Sorgen. Ich wollte eigentlich gerade deinem guten Beispiel folgen und jetzt immer pünktlich Schluss machen. Das kann ich mir nun wohl abschminken." „Das würde ich nicht sagen. Wenn du innerhalb deiner Arbeitszeit gute Leistungen bringst, muss ihm das reichen." „Das werden wir noch sehen." Damit gingen sie an ihre Arbeitsplätze und wendeten sich ihrer Arbeit zu. In der Mittagspause kam Sarah zu ihr: „Hast du schon gehört, dass unsere Firma jetzt ein Betriebliches Gesundheitsmanagement eingeführt hat? Eins der Angebote beginnt gleich nach der Mittagspause. Wir können es innerhalb der Arbeitszeit besuchen. Kommst du mit?" Klar, sie war neugierig auf das Angebot und da es in der Arbeitszeit lag, konnte der Chef ja nichts dagegen haben.

Als sie in den Raum kamen, hatten sich dort schon eine Menge Kollegen versammelt. Der sportliche und gut aussehende Trainer begrüßte sie und erklärte, dass er ihnen einige Übungen zeigen würde, mit denen sie tagsüber immer wieder in kleinen Pausen ihre Muskulatur lockern könnten, um ihren Rücken zu entlasten und um die Durchblutung zu fördern. Sie begannen damit, die Arme um sich herumzuschwingen. Dabei kam es zu einigen kleinen Kollisionen. Doch nach kurzer Zeit hatte jeder ausreichend Platz für sich gefunden und nun lief es ganz locker und entspannt. Die Übungen waren so ausgewählt, dass man dafür nicht extra Trainingskleidung brauchte oder extrem ins Schwitzen kam. Es fühlte sich gut an und es machte richtig Spaß, im Kollegenkreis mal etwas ganz anderes zu tun. Nach einigen Übungen gingen alle heiter und entspannt an ihre Arbeit zurück. Kaum dort angekommen, wurde sie zu Herrn Schneider gerufen. Vorwurfsvoll fragte er: „Wo waren Sie? Ich warte seit einer halben Stunde auf Sie, um Ihnen einen Arbeitsauftrag zu übergeben!" Sie erklärte ihm, dass sie das Angebot ihres Arbeitgebers angenommen hatte, an diesem Training teilzunehmen. „Das ist doch überflüssiges Zeug! Sie sind hier um zu arbeiten. Hier, diese Aufgabe benötige ich bis heute Abend bearbeitet von Ihnen zurück." Er überreichte ihr einen Stapel Papier und schickte sie damit aus dem Raum. Sie fühlte sich wie Aschenputtel. Das hier war selbst an einem ganzen Tag nicht zu schaffen und sie hatte bis zum Feierabend doch nur noch vier Stunden Zeit. Was sollte sie tun? Sie setzte sich an ihren Platz und spürte, wie Panik in ihr hochstieg. Das war ihr erster Arbeitsauftrag vom neuen Chef. Wenn sie den verpatzte, dann war sein erster Eindruck von ihrer Arbeit negativ. Sie befürchtete, dass das ihre weitere Zusammenarbeit prägen würde. Was tun? Sie zwang sich, erst einmal tief durchzuatmen und erinnerte sich dabei an die Worte von Annette: „In stressigen Situationen möchte ich nicht einfach automatisch in gewohnter Weise reagieren, sondern durch das Achtsamkeitstraining lernen, innezuhalten, wahrzunehmen und dann aus verschiedenen Handlungsoptionen auszuwählen." Okay, mal sehen, ob das schon funktionierte. Sie konzentrierte sich auf ihren Atem... ein... aus... ein... aus. Langsam wurde sie ruhiger. Mit der Zeit gewann sie etwas Abstand von ihrer Aufgabe und konnte nun darüber nachdenken. Okay, die Arbeit war nicht zu schaffen. Das musste der Chef sicher auch wissen. Was, wenn das hier ein Test war? Was würde sie denn von ihrer Mitarbeiterin erwarten, wenn sie Chefin wäre? Na, dass sie priorisierte. Nach welchen Kriterien könnte sie also ihre Arbeit priorisieren? Sie entschied sich für einen Weg und machte sich an die Arbeit, den Stapel zu sortieren. Als sie damit fertig war, zögerte sie kurz, aber dann ging sie entschlossen zum Chef: „Herr Schneider, die Aufgabe, die Sie mir gegeben haben, kann ich heute nicht schaffen. Deshalb habe ich die Aufgabenpakete ausgewählt, die aus meiner Sicht am dringlichsten sind und die ich bis heute Abend bearbeiten kann. Schauen Sie sich bitte einmal an, was ich ausgewählt habe und ob das aus Ihrer Sicht so passt? Falls Sie den Rest auch bis heute Abend benötigen, würde ich vorschlagen, dass Sie einen weiteren Kollegen damit beauftragen." Herr Schneider schaute sie verblüfft an. So etwas war ihm noch nicht vorgekommen. Bisher hatten seine Mitarbeiter seine Aufgaben ohne Widerworte erfüllt, auch wenn sie dafür vielleicht länger im Büro bleiben mussten. Sollte er das jetzt einfach so einreißen lassen, dass sich die Angestellten ihre Arbeit selbst aussuchten? Er spürte Ärger in sich aufsteigen. Andererseits war es ein Zeichen von eigenständigem Arbeiten, dass sie sich die wichtigsten Aufgaben ausgewählt hatte und die Priorisierung passte soweit. „Danke, es reicht aus, wenn Sie mir dieses Paket bis heute Abend bearbeiten. Den Rest legen Sie mir bitte morgen vor." Sie ging aus dem Büro und konnte es kaum fassen. Sie hatte ihn überzeugt! Sie hatte klar die Grenze gezogen und ihr Chef hatte es akzeptiert! Vor ein paar Tagen wäre so etwas für sie undenkbar gewesen! Innerlich jubelnd ging sie an ihren Platz zurück, um sich an die Arbeit zu machen. Bevor sie sich setzte, zwinkerte sie aber Sarah noch kurz zu. Sarah zwinkerte zurück.

Graves-Modell in der Praxis

Auf dem Heimweg ging sie wieder durch den Park. Sie setzte sich auf eine Bank und versuchte, Annette zu erreichen, um ihren Erfolg mit ihr zu teilen. „Das ist ja großartig! Gratuliere! Ich freue mich für dich, dass es geklappt hat!" „Ich danke Dir! Dennoch befürchte ich, dass ich hier noch die ein oder andere Prüfung bestehen muss. Herr Schneider ist in seiner Art zu führen so anders als unser vorheriger Chef. Der hatte zwar auch hohe Ansprüche, aber er hat uns den Sinn hinter unserer Aufgabe erläutert und dadurch unsere Eigenmotivation gefördert statt uns nur Anweisungen zu geben. Wir wussten selbst, was zu tun war und haben unsere Arbeit eigenständig eingeteilt und erledigt. Dadurch war natürlich auch die Gefahr größer, sich zu stark mit der Aufgabe zu identifizieren und der Schritt zur Selbstausbeutung wurde mehr als einmal gegangen. Dennoch haben wir uns mit unserer Arbeit wohl gefühlt. Jetzt ist das schon sehr anders." „Es scheint, dass dein neuer Chef eine andere Stufe auf dem Graves-Modell einnimmt als dein früherer Chef." „Was ist denn das Graves-Modell?" „Das ist eine Übersicht über aufeinander aufbauende Wertesysteme, die von Clare W. Graves entwickelt wurde. Sie beschreibt mentale Muster, die abhängig von Kontext und Situation aktiviert werden. Die Wertesysteme bauen zwar aufeinander auf, sind aber gleichwertig, das heißt, keins ist besser oder schlechter als das andere. In diesem Modell werden die menschlichen Verhaltensmöglichkeiten übersichtlich dargestellt und erklärt, wie sie aus ihrer jeweiligen Vorgängerstufe hervorgehen. Grundsätzlich lässt sich ein ständiger Wechsel zwischen der Orientierung am Individuum und der Orientierung an der Gemeinschaft erkennen. Man kann dieses Modell gut anhand der Entwicklung der Menschheit erklären. Es lässt sich aber auch auf die individuelle Entwicklung eines einzelnen Menschen anwenden oder auf eine Organisation oder auf ein Unternehmen. Schauen wir uns also einmal die Entwicklung der Menschheit an: Ausgehend von der Existenz des Menschen als gefährdetes Wesen in der Natur – das ist die erste Stufe, das „Existierender-System" - haben sich die Menschen im Laufe ihrer Entwicklungsgeschichte zu Gruppen zusammengeschlossen, dem „Stammesmensch-System". Das gab ihnen Sicherheit. Fast zwangsläufig entwickelten sich aber zwischen den Gruppen und auch innerhalb der Gruppen Rivalitäten. Der Stärkere trug dabei häufig den Sieg davon. In diesem „Einzelkämpfer-System" bildeten sich Helden oder Anführer heraus. Nachdem dadurch viel Leid entstanden war, gaben sich die Menschen Regeln für ihr Zusammenleben. Im „Loyalisten-System" definierten sie eine höhere Autorität wie zum Beispiel Gesetze, nach der sich alle richten sollten. Aus der daraus folgenden Stabilität heraus ergaben sich Möglichkeiten, um den individuellen Wohlstand zu vermehren. Eine materialistische Sicht nahm zu, es entwickelten sich kapitalistische Systeme im „Einzelkämpfer-System". Um die damit einhergehenden Nachteile zu überwinden, schlossen sich Menschen im „Teammensch-System" zu Gemeinschaften zusammen, wo alle am Wachstum teilhaben können und Sinn finden. Dies ermöglicht den

Blick aus einer ganz neuen Perspektive, neue Gedanken und Hoffnungen. Einzelne bringen im „Möglichkeitensucher-System" dann neue Impulse ein. In der aktuell letzten bekannten Stufe, dem „Globalisten-System", stehen wir vor großen Herausforderungen, die wir nur mit globalen Lösungen bewältigen können. Wende dieses Modell einmal beispielhaft auf unsere aktuelle Situation im Umgang mit den Ressourcen dieses Planeten an. Oder auf die verschiedenen Nationen dieser Welt. Sie stehen auf recht unterschiedlichen Stufen, wobei jede Nation ihre individuelle Stufe natürlich als für sie passend empfindet. Das Modell bietet die Chance, einander besser zu verstehen. Es zeigt Handlungsoptionen auf, die einiges zum Weltfrieden oder zur Bewältigung der Klimakrise beitragen könnten. Schade, dass es noch so wenig Anwendung findet...

An diesem Graves-Modell haben sich allerdings verschiedene weitere Autoren orientiert und es auf unterschiedliche Kontexte übertragen. Schüler von Graves haben zum Beispiel das Konzept „Spiral Dynamics" entwickelt oder Frédéric Laloux spricht von türkisen, selbstorganisierten Unternehmen, die auf Augenhöhe agieren und das übliche Verständnis von Führung überwunden haben. Dem Graves-Modell lassen sich eben auch Führungsstile zuordnen. Deinen neuen Chef würde ich auf der vierten Ebene sehen. Er scheint eher autoritär mit Anweisungen zu führen, während dein bisheriger Chef eher auf der sechsten Ebene, also partizipatorisch und teamorientiert unterwegs war. Das erfordert natürlich jetzt auf Mitarbeiterebene eine Umstellung. Generell kann man nicht sagen, dass die eine oder die andere Art zu führen besser oder schlechter wäre. Man muss sich nur darauf einstellen können und der Stil sollte zum Kontext und zur Aufgabe passen. Wo siehst du dich denn in diesem Modell?" „Ich würde mich gern auf der Stufe sehen, wo sich einzelne Menschen frei auf ihrem eigenen Weg bewegen und je nach Bedarf der Gruppe neue Impulse bringen, aber ich glaube, aktuell stehe ich auf der sechsten Stufe. Ich bin ein Teammensch und arbeite gern mit anderen an einer Aufgabe, die für mich Sinn macht." „Das bedeutet, dass sich dein Wertesystem deutlich von dem deines

Chefs unterscheidet. Daraus könnten sich zukünftig Konflikte ergeben, wenn du das nicht beachtest. Versuche, dich in ihn hineinzuversetzen, aber gleichzeitig dir selbst treu zu bleiben. Deine heutige Vorgehensweise, bei der du ihn in deine Überlegungen eingebunden hast, hat doch schon sehr gut geklappt. Du solltest ihn aber nicht allzu deutlich in seiner Autorität hinterfragen!" Ja, das stimmte. Für einen kurzen Moment hatte es so ausgesehen, als ob Herr Schneider wütend auf ihren Vorschlag reagieren wollte. Dann war diese Emotion wieder verschwunden. Wahrscheinlich lag dort aber ein heikler Punkt, den sie besser nicht berühren sollte – zumindest bis sie sich eine gemeinsame Vertrauensbasis erarbeitet hatten. Sie würde versuchen, die Werte ihres Chefs herauszufinden und zu berücksichtigen.

Darf das sein?

Am nächsten Tag bearbeitete sie den Rest des Aufgabenpaketes und ging damit zu Herrn Schneider. Er begrüßte sie nur kurz und schien nicht gerade bester Laune zu sein. Als sie bereits sein Zimmer verlassen wollte, rief er sie noch einmal zurück. „Mir ist zu Ohren gekommen, dass Sie neulich Ihrem Kollegen nicht die angeforderte Unterstützung zukommen ließen. Dadurch war seine Präsentation im Führungskreis nicht aussagekräftig genug und wir haben uns als Abteilung blamiert. Was haben Sie dazu zu sagen?" Ihr wurde heiß. „Der Kollege kam kurz nach Feierabend zu mir und bat mich noch um eine Auswertung. Es schien mir nicht so wichtig und ich hatte einen Termin, deshalb..." „Es schien Ihnen nicht so wichtig? Seit wann entscheiden Sie darüber, was wichtig ist? Ich erwarte von Ihnen höchstes Engagement und volle Unterstützung für das Team! Ansonsten können Sie sich nach einem alternativen Einsatzbereich umsehen!" Seine Stimme war immer schärfer und gepresster geworden und es war klar, dass er ein wütendes Brüllen unterdrückte. Sie murmelte „Ja, ich habe verstanden." und verließ schnell den Raum.

Auf ihrem Platz saß sie erst einmal eine Weile nur da und starrte vor sich hin. Dann stieg langsam Wut in ihr auf. Wut auf Herrn Schneider, dass er sich erlaubte, so mit ihr zu sprechen. Wut auf ihren Kollegen, weil er sie angeschwärzt hatte, offensichtlich um seine eigene Haut zu retten. Und Wut auf sich, dass sie nichts dagegen gesetzt, sondern sich ganz klein gemacht hatte. Dann wechselte die Wut zu Angst. Was, wenn er sie rausschmiss? Was, wenn er sie nicht rausschmiss und es in dieser Art weiterging? Sie malte sich die kommende Zusammenarbeit in den schlimmsten Farben aus und wurde dabei immer verzweifelter. Endlich fiel ihr ein, sich auf ihren Atem zu konzentrieren und sie konnte wieder etwas klarer denken. Schließlich ging sie zu Sarahs Platz und fragte sie, ob sie mit ihr kurz einen Kaffee holen wollte. Sarah erkannte am verzweifelten Blick, dass etwas nicht stimmte und ließ ihre Arbeit sofort liegen, um mit ihr hinauszugehen.

Klopfakupressur

In der Kaffeeecke war zwar gerade niemand, aber sie suchten sich trotzdem lieber einen leeren Besprechungsraum und schlossen die Tür, damit sie offen miteinander sprechen konnten. Nachdem sie die Situation geschildert hatte, sank sie zurück und schaute Sarah hilfesuchend an. „Ok, am besten wenden wir erst einmal die Klopfakupressur an, die ich von meinem Therapeuten gelernt habe, damit du wieder einen klaren Kopf bekommst. Formuliere zuerst einmal, wie du dich aktuell fühlst." „Ich bin verzweifelt, weil ich nicht weiß, wie ich mit dieser Situation umgehen soll." „Wenn du dir eine Skala von Null bis Zehn vorstellst. Wie hoch ist dann deine Verzweiflung aktuell im Vergleich zur maximal möglichen Verzweiflung von Zehn." „ Acht, denke ich." „Suche jetzt unter deinem linken Schlüsselbein etwas weiter Richtung Schulter einen Punkt, der druckempfindlich ist... Gut, das sollte er sein. Lege nun zwei Fingerspitzen auf diesen Punkt und massiere ihn kreisend. Beginne den Kreis dabei nach oben in

Richtung Schulter. Dazu sagst du folgenden Satz: Obwohl ich verzweifelt bin, weil ich nicht weiß, wie ich mit dieser Situation umgehen soll, liebe und akzeptiere ich mich ganz wie ich bin. … Ja, schau mich nicht so fragend an, es ist manchmal nicht so einfach und vor allem ungewohnt, so mit sich selbst zu sprechen, aber du wirst sehen, es hilft. Wiederhole den Satz drei Mal, während du weiter den Punkt massierst." Durch die Massage und den Satz löste sich die Anspannung bereits ein wenig. Verwundert beobachtete sie diese Veränderung. „Gut. Nun nimmst du wieder diese beiden Fingerspitzen und klopfst etwa zwanzigmal auf jeden Punkt, den ich dir nun anzeige. Das Klopfen sollte nicht schmerzhaft, aber schon spürbar sein. Wir bearbeiten nur die linke Seite des Körpers. Ob rechts oder links ist für die Wirksamkeit egal." Sarah klopfte bei sich selbst mit, damit deutlich wurde, welcher Punkt gemeint war: „Der erste Punkt liegt am Beginn der linken Augenbraue. Klopfe ihn jetzt und wiederhole dabei: Meine Verzweiflung, weil ich nicht weiß, wie ich mit dieser Situation umgehen soll. - Versuche, deine

Verzweiflung während des Klopfens so stark wie möglich zu empfinden. Nur dann können wir sie bearbeiten." Sarah klopfte etwa zwanzigmal auf den Beginn ihrer Augenbraue. Dann wanderte sie weiter zum nächsten Punkt. „Jetzt stell dir eine Linie vom Augenwinkel Richtung Ohr vor und klopfe dort am knöchernen Rand der Augenhöhle.... Meine Verzweiflung, weil ich nicht weiß, wie ich mit dieser Situation umgehen soll - zwanzigmal klopfen... Wandere nun weiter unter das linke Auge und klopfe dort auf den Rand der Augenhöhle. ... Halte dabei dein Thema, deine Verzweiflung, im Bewusstsein... Klopfe nun den Punkt in der Vertiefung zwischen Nase und Oberlippe. ... dann unter der Unterlippe..." Mit der Zeit veränderte sich die Verzweiflung. Es wurde immer schwieriger, sie präsent zu halten. Sie löste sich immer weiter auf und an ihre Stelle trat ein Gefühl von Schwäche. Als sie mit Sarah alle Punkte geklopft hatte, die zu einem Durchgang gehörten, berichtete sie von diesen Veränderungen. „Prima, das hat also super geklappt. Wie hoch ist denn jetzt deine Verzweiflung noch?" „Sie ist verschwunden, also bei Null." „Gut. Und wie hoch ist dieses Schwächegefühl?" „Das liegt bei sechs." „Na dann beginnen wir jetzt die nächste Runde mit folgendem Satz: Obwohl ich mich schwach fühle, liebe und akzeptiere ich mich ganz wie ich bin. Massiere dabei wieder kreisend den Punkt unter dem Schlüsselbein, den sogenannten heilenden Punkt, und wiederhole den Satz drei Mal. Achte bitte bei der nächsten Runde darauf, ob sich vielleicht Bilder zeigen oder ob sich die Emotion wieder verwandelt." Sie begannen wieder mit dem Klopfen. Währenddessen veränderte sich die Schwäche in ein Gefühl, allein gelassen zu sein, und ihr schoss plötzlich ein Bild durch den Kopf: Als kleines Mädchen hatte sie einmal eine Zeit lang bei ihrer Tante wohnen müssen, weil ihre Mutter im Krankenhaus lag und ihr Vater tagsüber nicht für sie sorgen konnte. Die Tante war lieb und fürsorglich mit ihr umgegangen, aber trotzdem hatte sie ihre Mutter schrecklich vermisst. Dieses Gefühl tauchte nun ganz deutlich auf, als sei sie gerade eben wieder in dieser Situation von damals. Aber während des

Klopfens schwächte es sich ab und verschwand schließlich ganz. Sie atmete erleichtert auf. Sarah sah sie am Ende des Klopfdurchgangs fragend an. „Und, wie groß ist das Gefühl der Schwäche jetzt noch?" „Es ist verschwunden. Während des Klopfens hatte ich tatsächlich ein Bild, das ein sehr starkes Gefühl in Erinnerung gebracht hat und dann hat sich auch dieses Gefühl aufgelöst. Es war, als könnte ich es nun gehen lassen." Sarah lächelte. „Gibt es aktuell sonst noch ein negatives Gefühl?" „Nein, ich spüre im Moment nur diese Erleichterung." „Gut, dann festigen wir das Erreichte nun. Suche an deiner linken Hand die Linie zwischen kleinem und Ringfinger. Fahre diese Linie auf dem Handrücken ein Stück in Richtung Arm entlang bis du eine Mulde findest. Das ist der 9-Gamut-Punkt. Klopfe diesen Punkt während du folgendes tust: Schließe deine Augen. Öffne deine Augen. Lass den Kopf gerade und schau nur mit den Augen nach unten rechts, nach unten links, beschreibe mit den Augen einen Kreis, nun in die andere Richtung, summe ein paar Takte eines Liedes, zähle von 27 rückwärts, summe noch einmal ein paar Takte eines Liedes." Sarah schaute sie lachend an. „Ja, dabei kommt man sich albern vor, aber diese Abfolge aktiviert bestimmte Gehirnareale und hilft dabei, das neue Erleben zu verankern." Sie spürte nun noch einmal nach. Tatsächlich fühlte sie sich nun nicht mehr verzweifelt, sondern erleichtert und sogar gestärkt. „Vielen Dank! Das hat mir sehr geholfen!" „Sehr gern! Ich wende diese Technik an, sobald mich eine Emotion überflutet. Dann ziehe ich mich zurück und klopfe. Dabei haben sich schon sehr interessante Zusammenhänge aufgetan! - Die Methode beruht übrigens auf der jahrtausendealten asiatischen Vorstellung, dass unser Körper von Energiebahnen durchzogen ist. Das ist ja auch die Grundlage für verschiedene alternative Heilmethoden wie zum Beispiel die Akupunktur. Aber nicht nur bereits bestehende körperliche Symptome werden so bearbeitet. Langfristig können damit sogar Erkrankungen verhindert werden. Denn Krankheiten entstehen nach dieser Vorstellung durch Energieblockaden, infolge derer bestimmte Bereiche im Körper nicht mehr ausreichend versorgt und deshalb mit der Zeit krank werden. Es ist natürlich sinnvoll, sich frühzeitig um diese Blockaden zu kümmern, noch bevor körperliche Symptome entstehen. Unsere Emotionen weisen uns den Weg dahin. Gemäß der asiatischen Vorstellung können zum Beispiel Traumata in unserem Energiesystem zu Blockaden führen. Klopfakupressur bringt die Energie wieder zum Fließen. Die Technik, die wir gerade angewendet haben, stammt von Gary Graig, der sie im Rahmen der Energetischen Psychologie auf der Basis der Traditionellen Chinesischen Medizin und der angewandten Kinesiologie, ergänzt um Methoden aus dem NLP, dem Neurolinguistischen Programmieren, und den neuesten Erkenntnissen der Hirnforschung entwickelt hat. Diese Methode heißt Emotional Freedom Technique oder EFT, inzwischen gibt es aber auch ähnliche Techniken unter anderen Namen."

Gedanken entschärfen

Kaum zu Hause angekommen, schlug sie Matthias vor, einen Spaziergang zu machen. Auf dem Weg erzählte sie ihm von ihren heutigen Erlebnissen. „Puh, na das kann ja heiter werden mit so einem Chef! Aber ihr werdet schon noch einen Modus miteinander finden. Die Klopfakupressur klingt sehr spannend! Bitte zeig mir bei Gelegenheit mal, wie das genau geht! Übrigens habe ich letztens in einem Buch von Russ Harris auch eine interessante Möglichkeit gelesen, wie man mit angst- oder wuterzeugenden Gedanken besser umgehen kann. Das Buch heißt „Wer dem Glück hinterherrennt, läuft daran vorbei". Hier beschreibt er die Grundlagen der Akzeptanz- und Commitment-Therapie, auch ACT genannt. Im Prinzip geht es darum, unangenehme Gefühle nicht wegzuschieben, sondern sich mit ihnen zu beschäftigen und sie dadurch umzuwandeln. Der erste Schritt ist die Defusion, die Entschärfung eines Gedankens, damit man sich nicht mehr so stark davon beherrschen lassen muss. Allein das entlastet schon enorm. Nehmen wir also deinen Satz: „Ich weiß nicht, wie ich mit dieser Situation umgehen soll." Stell dir nun vor, du würdest diesen Satz singen, als wäre er eine Textzeile in einem Popsong." Matthias fing an zu singen. Sie schaute ihn verwirrt an. Zum Glück war niemand in der Nähe. „Oder du singst den Satz als wäre es eine Arie." Er baute sich auf und schmetterte den Satz als wäre er einer der großen Tenöre. Sie musste grinsen. „Oder du singst ihn wie ein Schlaflied." Jetzt senkte Matthias die Stimme und säuselte: „Ich weiß nicht, wie ich mit dieser Situation umgehen soll." Jetzt konnte sie das Lachen kaum noch zurückhalten und als er dann anfing, einen Schlager daraus zu machen, brüllte sie los! Das war zu komisch! „Siehst du, plötzlich hat dieser Satz seine Macht über dich verloren. Du kannst ihn einfach nicht mehr ernst nehmen. Dadurch hast du nun die Möglichkeit, die Situation wieder freier zu betrachten. Hier kommt übrigens wieder die Achtsamkeit ins Spiel. Mit zunehmender Übung wird es dir immer besser gelingen, dir diese automatischen Gedanken und Bewertungen bewusst zu machen. Dann kannst du mit ihnen arbeiten."

Als sie sich am Abend für ihre Achtsamkeitsübung ins Gästezimmer zurückzog, freute sie sich richtig darauf, die achtsame Haltung immer besser zu erlernen. Wie es schien, war sie eine wichtige Grundlage, um mit den tagtäglichen Herausforderungen gelassener umzugehen und sich nicht gleich aus der Balance bringen zu lassen oder zumindest schneller dahin zurückzufinden.

Nach der Übung fiel ihr der Spiegel wieder ein. Sie hatte ihn lange nicht mehr aus der Tasche genommen. Als sie ihn jetzt hervorzog, vibrierte er leicht und ein leuchtender Schimmer lief über die Glasfläche. Nur noch wenige Metallrisse waren zu sehen und dazwischen konnte sie auf der unebenen Oberfläche kleine, wenn auch matte Spiegelbilder ihres Gesichtes erkennen. Was war das? Veranlasste das Klima in ihrer Tasche das Metall, sich wieder zu verbinden? Ihre Schulkenntnisse in Physik und Chemie lieferten ihr dafür keine ausreichende Erklärung. Verwundert betrachtete sie den Spiegel. „Ihr macht große Fortschritte. Ich gratuliere Euch! Sogar das unschöne Erlebnis mit Eurem Gebieter heute hat Euch zu weiteren Erkenntnissen geführt. Ihr seid inzwischen schon gut gerüstet für meine Erlösung! Nun wird es hoffentlich bald soweit sein! Ich kann es kaum noch erwarten, endlich wieder sehen und meine Aufgabe erfüllen zu können! Macht also weiter so! Und einen Hinweis möchte ich Euch noch geben: Achtet auf Eure innere Stimme! Sie führt Euch auf dem Weg. Ihr seid nun bald in der Lage, sie zu hören!" Was konnte er damit meinen? Da sie keine Antwort bekam, steckte sie den Spiegel wieder in die Tasche zurück. Mochte die Tasche ihre Wunderarbeit am Spiegel fortsetzen, auch wenn sie nicht verstand, wie das vor sich gehen konnte.

Der nächste Tag verlief ohne besondere Vorkommnisse. Ihr Chef war den ganzen Tag in Meetings, deshalb begegneten sie sich nicht. Darüber war sie wirklich nicht böse. Hin und wieder schaute sie auf den Federball auf ihrem Schreibtisch und erinnerte sich so an ihr Vorhaben, Pausen und pünktlich Feierabend zu machen. Dabei schweifte ihr Blick auch einige Male zur Büropflanze, mit der sie inzwischen eine ganz andere Beziehung pflegte. Der regelmäßige Energieaustausch schien ihr gut zu tun. Deshalb machte sie sich über den Tag verteilt immer mal wieder eine Tasse Tee und gönnte sich eine kurze Unterbrechung zum Energietanken.

Gewaltfreie Kommunikation

Nach der Arbeit war sie mit Annette im Café verabredet. Auf eine herzliche Begrüßung folgte ihr Bericht über die Kritik ihres Chefs. „Schade, leider hat es sich bestätigt, dass die unterschiedlichen Wertesysteme zu Konflikten führen können. Was willst du nun tun?" „Ich weiß nicht. Am liebsten würde ich ihm direkt sagen, dass er so nicht mit mir umgehen kann. Aber ich glaube, dass kommt gar nicht gut an. Ich möchte schon meinen Job behalten. Andererseits kann ich es aber nicht zulassen, dass er mich so behandelt." „Ich finde, dass du mit der Bearbeitung deiner Verzweiflung von gestern schon einen sehr guten Schritt getan hast. Nun kannst du besser auf die Situation schauen und dir mit kühlem Kopf dein Vorgehen überlegen. Wie wäre es denn, wenn du die Grundlagen der Gewaltfreien Kommunikation, der GFK nach Marshall Rosenberg anwendest? Kennst du sie?" Sie antwortete mit einem Kopfschütteln. „Die Theorie der GFK ist zwar gut verständlich, die Anwendung im Alltag ist jedoch nicht ganz so einfach. Der erste Schritt sollte dir aber schon gut gelingen, da du durch die Achtsamkeitsübungen die Grundlage dafür geschaffen hast. Es geht um die Wahrnehmung und Beschreibung der aktuellen Situation, ohne sie zu bewerten. Im nächsten Schritt registrierst du deine damit verbundenen Gefühle. Danach fragst du dich, welche Bedürfnisse hinter deinen Gefühlen stehen und leitest daraus dann eine Bitte an dein Gegenüber ab. Mit diesen vier Schritten hat Marshall Rosenberg in vielen Krisengebieten dieser Welt wertvolle Arbeit geleistet und die Methode wird inzwischen in ganz unterschiedlichen Kontexten angewendet. Es geht letztendlich um eine friedliche Konfliktlösung durch einen wertschätzenden und empathischen Umgang, der anerkennt, dass hinter jeder Handlung Bedürfnisse stehen. Gewalt ist demnach der misslungene Ausdruck eines unerfüllten Bedürfnisses. Die Giraffe wurde von Rosenberg als Symbol der empathischen Kommunikation ausgewählt, da sie Weitsicht und ein außergewöhnlich großes Herz hat. Mit Empathie ist dabei übrigens nicht nur das Mitgefühl für

die andere Person, sondern auch für sich selbst gemeint. Zum Selbstmitgefühl gibt es auch hervorra-
gende Übungen im Rahmen des Achtsamkeitstrainings. Hier kreuzen sich also die Wege unterschied-
licher Methoden. Versuchen wir doch einmal, die
Gewaltfreie Kommunikation auf deinen Fall anzu-
wenden. Zuerst die Situation: dein Chef hat dich auf
Basis der Aussagen des Kollegen kritisiert, ohne vorher deine Sicht der Dinge ausreichend anzuhören.
Das hat bei dir das Gefühl der Verzweiflung ausge-
löst. Weshalb?" „Ich fühlte mich zu Unrecht kritisiert und wusste nicht, wie ich mich dagegen weh-
ren konnte. Mein Chef ist ja neu in dieser Position,
die mir hierarchisch übergeordnet ist, und wir ken-
nen uns noch nicht gut genug. Deshalb wusste ich
nicht, wie ich mit ihm darüber sprechen könnte. Das
war wegen meiner emotionalen Reaktion dann sowieso nicht mehr möglich. Darum blieb mir nur der
Rückzug." „Gut. Welches Bedürfnis stand für dich
hinter deinen Emotionen?" „Ich möchte fair behandelt werden. Dazu gehört, dass man mich nicht einfach abkanzelt. Wenn ich einen Fehler mache, kann

man mit mir jederzeit in Ruhe darüber sprechen. Und in diesem Fall lag der Fehler ja nicht einmal bei mir!" „Wie wäre es dann mit folgender Formulierung, wenn du noch einmal das Gespräch mit deinem Chef zu diesem Vorfall suchst: Neulich haben Sie mich darauf angesprochen, dass ich meinem Kollegen die gewünschte Auswertung nicht zur Verfügung gestellt habe. Dabei haben Sie sich leider nur auf die Informationen des Kollegen gestützt und meine Erklärung der Situation außer Acht gelassen. In der Folge sind bei Ihnen Emotionen und ein Verhalten entstanden, die aus meiner Sicht unberechtigt waren. Ich war traurig über diese Entwicklung und habe mich gleichzeitig darüber geärgert, denn es ist mir wichtig, fair und respektvoll behandelt zu werden. Nun möchte ich Sie bitten, sich noch einmal in Ruhe mit mir über die Situation zu unterhalten. Dann können Sie meine Beweggründe besser verstehen und in Ihre Einschätzung einfließen lassen." „Das klingt wirklich souverän. Ich bin mir nicht sicher, ob ich das so ausdrücken kann, aber ich werde es versuchen." „Wichtig ist wie gesagt, dass du während des Gesprächs die Autorität des Chefs anerkennst, um ihm zu zeigen, dass du ihn in seinem Wertesystem respektierst." „Das wird nicht einfach, denn eigentlich habe ich eine Stinkwut auf ihn. So kann er nicht mit mir umgehen!" „Das ist zwar richtig, wird dich aber nicht zum Ziel führen. Wenn du ein Nachdenken und respektvolleres Verhalten bei deinem Chef erreichen willst, hast du mit der anderen Vorgehensweise größere Chancen auf Erfolg. Eine Garantie gibt es natürlich leider nicht."

Presencing

Als sie sich nach einem schönen Abend schließlich von Annette verabschiedete, grübelte sie auf dem Heimweg darüber, wie ihr wohl dieser souveräne Auftritt gelingen würde. Zu Hause angelangt, sprach sie mit Matthias über ihre Bedenken. Er überlegte eine Weile. „Wir könnten versuchen, deinen Körper um Hilfe zu bitten." „Und wie?" „Nun, du hast es nicht mitbekommen, weil du abends immer so lange gearbeitet hast, aber ich habe in letzter Zeit viele Bücher gelesen und Kurse besucht, bei denen ich einiges Neues erfahren konnte. Unter anderem habe ich mit einer Gruppe das Social Presencing Theater ausprobiert, das im Rahmen der Theorie U von Otto Scharmer Anwendung findet. Es wurde von Arawana Hayashi zur Begleitung von Veränderungsprozessen entwickelt. Bei dieser Methode spielt der Körper die Hauptrolle. Vielleicht kennst du das Konzept der somatischen Marker von Antonio Damasio, das unter anderem im Züricher Ressourcenmodell von Maja Storch beschrieben wird?

Damasio widersprach mit seinen Forschungsergeb-
nissen der angeblichen Trennung von Körper und
Geist, wie sie seit Anfang des 17. Jahrhunderts von
Descartes postuliert wurde. Diese Trennung hat seitdem unter anderem zu einer Betrachtung des
menschlichen Körpers als Maschine und zum Vergleich seines Denkens mit Computerfunkionen geführt. Diese Vorstellungen sind eine tiefsitzende
Grundlage unserer heutigen Gesellschaft. Statt dessen geht Damasio von einem engen Zusammenhang
zwischen Körper und Geist aus, die sich gegenseitig
beeinflussen. Die somatischen Marker stellen dabei
in Form von Körperempfindungen, als das soge-
nannte Bauchgefühl, eine wichtige Quelle für Ent-
scheidungsprozesse dar. Im Social Presencing Theater geht man noch einen Schritt weiter. Man gibt
dem Körper die Gelegenheit, sein eigenes Wissen direkt zum Ausdruck zu bringen. Lass es mich gleich
an deinem Beispiel demonstrieren. Wir brauchen ein
wenig Zeit, denn Voraussetzung für die Übung ist,
dass du zuerst einmal Vertrauen in deinen Körper
entwickelst. Dafür legen wir uns hier auf den Boden

und atmen ein paar mal in Ruhe tief ein und aus.... Dann lässt du deinen Atem frei fließen. Spüre in deinen Körper hinein, wie er daliegt und Kontakt zum Boden hat... Spüre in deine Füße... Wandere dann mit deiner Aufmerksamkeit weiter zu deinen Waden..., den Schienbeinen..., Knien..., Oberschenkeln..., dem Po..., dem Rücken..., dem Bauch..., dem Brustkorb..., den Armen... und Händen..., zum Hals..., dem Kopf... und zum Gesicht... Richte deine Aufmerksamkeit nun auf deinen ganzen Körper. Wie fühlt er sich an?... Jetzt bitte deinen Körper, aus der liegenden Position in den Stand zu kommen. Gib ihm dafür zwanzig Minuten Zeit. Wie er das genau macht, überlässt du ihm. Es kann auch sein, dass du nach den zwanzig Minuten noch nicht stehst. Das ist nicht schlimm. Wichtig ist vielmehr, dass du deinem Körper die völlige Kontrolle über diesen Prozess überlässt und lediglich beobachtest, wie du aufstehst." Das klang irgendwie sonderbar, aber auch spannend. Sie ließ sich auf das Experiment ein und lag einfach nur da. Sie wartete, dass ihr Körper irgendeine Regung tun würde. Es dauerte einige Zeit und sie war schon versucht, selbst in Aktion zu treten, als sie ein Zucken im Ringfinger spürte. Ein Weilchen später folgte der Wunsch, die Arme zu strecken. Sie ließ es zu und beobachtete, wie sich ihre Arme dehnten und streckten. Dabei entstand ein wohliges Gefühl bis hin zu den Schultern. Von hier kam die nächste Bewegung und ihr Körper dehnte sich nun auch im Schulterbereich ausgiebig. Dann kehrte wieder Ruhe ein und sie war neugierig, was weiter geschehen würde. Nach einer Drehung auf den Bauch zog sie die Knie an und blieb so in einer entspannten Haltung liegen. Das Atmen fühlte sich in dieser Position ganz anders an als sonst. Dann spürte sie den Impuls, sich allmählich aufzurichten. Ihr Körper tat das ganz langsam und sie beobachtete ihn dabei. In der Hocke hielt ihr Körper inne, dann ging es über einen runden Rücken mit hängenden Armen weiter in den Stand und in die Aufrichtung bis sie schließlich am Ende ihren Kopf hob. Wie sonderbar fühlte es sich an, so zu stehen. Als wäre es eine große Errungenschaft, sich aus der Schwerkraft der Erde gelöst und aufgerichtet zu haben! Sie stand da und genoss das Gefühl. Ein Gong, den Matthias an seinem Handy eingestellt hatte, zeigte an, dass die zwanzig Minuten um waren. Konnte das sein? Sie hatte während der Übung offenbar jegliches Zeitgefühl verloren.

„Nun bitte deinen Körper, deine aktuelle Situation mit deinem Chef einmal darzustellen. Lass ihm Zeit und beobachte ihn dabei. Es kann sein, dass er dafür einen stehende, hockende, sitzende oder liegende Position wählt." Sie stand da und wartete ab, was nun geschehen würde. Sie spürte, wie sie langsam in die Knie sank, ein Bein war aufgestellt, auf dem anderen kniete sie. Dabei schaute sie schräg von unten zum imaginären Chef hinauf und hob langsam abwehrend in einer hilflosen Geste die Arme. Ja, genauso hatte es sich angefühlt. Sie war ganz klein geworden, dem Chef und seinen Emotionen ausgeliefert. „Halte jetzt diese Position bis sich dein Körper von allein verändern will." Sie spürte in die Position noch weiter hinein. Nach einiger Zeit veränderte sich etwas. Eine Streckung kam in ihre

Beine. Sie stand auf und ihr Körper wendete sich ihrem Chef zu. Dabei sanken ihre Arme herab bis sie leicht angewinkelt waren, die Handflächen nach oben. Abschließend ging das rechte Bein ein Stück vor. Diese Position fühlte sich nun ganz anders an. Sie stand auf Augenhöhe ihrem Chef gegenüber, war ihm zugewandt und bereit zum Austausch. Mit dieser Position durchfloss sie ein angenehmer Strom von Selbstvertrauen und Zuversicht. Ein Austausch mit dem Chef schien ihr nun ganz selbstverständlich. „Gehe jetzt zurück in die vorherige Position und vollziehe noch einmal bewusst die Veränderung zur zweiten Position." Sie kniete wieder nieder, hob die Arme in die abwehrende Position. Dann erhob sich ihr Körper wieder, sie wendete sich zu während die Arme herabsanken und schließlich das rechte Bein einen kleinen Schritt nach vorn ging. „Was bedeutet dieser Prozess und die abschließende Position für deine Situation?" Sie stellte sich diese Frage und spürte ganz deutlich, dass sie in der neuen Position eine ganz andere Gesprächspartnerin für ihren Chef sein würde und auf diese Weise viel leichter seine Aufmerksamkeit erhalten könnte als in der unterlegenen Position. Wenn sie mit dieser Haltung ins Gespräch ging, würde sie also ihre Erfolgschancen deutlich erhöhen. Die Position fühlte sich ganz natürlich und selbstverständlich an. So würde sie morgen auf ihren Chef zugehen. Sie wendete sich zu Matthias um. „Es ist erstaunlich, welch gute Lösung mir mein Körper aufgezeigt hat! Ich fühle mich jetzt viel besser auf das Gespräch mit meinem Chef vorbereitet!" „Das freut mich! Wir sollten viel häufiger auf unseren Körper hören und seinen Rat hinzuziehen, finde ich." „Ja, da hast du recht."

In der Höhle des Löwen

Am nächsten Tag bat sie ihren Chef per Email um einen Termin. Um 14 Uhr würde sie mit ihm sprechen können. Prima, dann hatte sie noch Zeit, sich vorzubereiten. Sie sammelte alle Argumente, die ihr für das Gespräch wichtig waren und legte sich noch einmal die Einleitung zurecht, die sie mit Annette erarbeitet hatte. Dann verbrachte sie die Mittagspause mit Sarah. Dabei erzählte sie ihr von ihren Vorbereitungen auf das Gespräch. Sarah staunte nicht schlecht und bewunderte sie dafür, dass sie sich freiwillig noch einmal in die Höhle des Löwen wagen wollte. Fünfzehn Minuten vor dem Termin schloss sie sich in der Toilette ein und stellte sich in die zweite Position von gestern. Sofort spürte sie wieder diese Souveränität, die ihr so gut getan hatte. Ja, es war ihr gutes Recht und sogar ihre Pflicht, ihren Chef über ihre Sichtweise zu informieren. Nur so konnte er sich ein gutes Bild von der Situation machen und seine Fehleinschätzung korrigieren. Dann war es soweit: „Guten Tag, Herr Schneider. Schön, dass Sie sich für unser Gespräch Zeit nehmen! Ich möchte noch einmal auf unser Thema von vorgestern zurückkommen. Mir scheint, dass Sie leider nur einen Teil der Informationen erhalten haben und ich würde das gern ergänzen, damit Sie sich ein vollständiges Bild machen können. Immerhin ist es für unsere zukünftige Zusammenarbeit wichtig, dass Sie mich richtig einschätzen können. Ich hatte den Eindruck, dass Sie verärgert darüber waren, dass ich meinem Kollegen scheinbar nicht die Unterstützung gegeben habe, die für uns alle selbstverständlich sein sollte. Falls es tatsächlich so gewesen wäre, wie man Ihnen das geschildert hat, wäre Ihr Ärger vermutlich berechtigt. Wenn ich Ihnen nun meine Sicht der Dinge darstelle, werden Sie sicher zu einer anderen Einschätzung kommen." „Da bin ich aber gespannt!" „In den vergangenen Jahren habe ich mich sehr stark für meine Arbeit engagiert und oft noch bis spät in den Abend gearbeitet. In der letzten Zeit bemerkte ich an verschiedenen Stellen, dass mir das langfristig nicht gut tut und auch meine Leistung beeinträchtigt. Deshalb beschloss ich, mich ab jetzt besser auch um meine eigenen Bedürfnisse zu kümmern und dafür im Ergebnis meine Arbeit innerhalb meiner Arbeitszeit wieder motivierter und effizienter erledigen zu können. Um mich dabei zu unterstützen, ein definiertes Arbeitsende einzuhalten, habe ich mich bewusst nach dem Feierabend verabredet. So war es auch an dem Abend, um den es hier geht. Es ist Ihnen doch sicher auch wichtig, dass Ihre Mitarbeitenden volle Leistung bringen, oder?" „Aber natürlich!" „Sehen Sie, wir sind einer Meinung. Ich habe mich also verantwortungsvoll um meine Leistungsfähigkeit gekümmert, indem ich pünktlich aus der Arbeit gehen wollte, um mich dann zu erholen und für den nächsten Tag wieder fit zu sein. Mein Kollege kam gerade herein, als ich schon fast zur Tür hinaus war. Er bat mich um die Auswertung, räumte aber ein, dass es eigentlich auch ohne ginge. Da ich mein Vorhaben, pünktlich zu gehen, konsequent umsetzen wollte und der Schaden nach Aussage des Kollegen minimal sein würde, habe ich mich entschieden, zu gehen und die Auswertung nicht zu erstellen. Außerdem hatte ich gehofft, dass mir der Kollege aufgrund dieser Erfahrung zukünftige Arbeitspakete mit ausreichendem Vorlauf übergeben würde. Eine Änderung seiner Arbeitsweise würde nicht nur für mich, sondern auch für ihn weniger Druck und mehr Qualität bedeuten. Ich habe Sie doch richtig verstanden, dass Ihnen hochwertige Ergebnisse wichtig sind, nicht wahr?" „Aber sicher. Nun, tatsächlich klingt Ihre Version recht nachvollziehbar. Wie es scheint, fehlten in der Darstellung des Kollegen einige Details. Ich muss mich bei Ihnen entschuldigen. Meine Einschätzung basierte auf unvollständigen Informationen und war damit nicht richtig. Ich hätte Sie bei Ihrer Schilderung des Sachverhaltes ausreden lassen sollen." „Ihre Entschuldigung nehme ich an. Und nun freue ich mich auf unsere Zusammenarbeit. Ich hoffe, dass wir uns bei zukünftigen Fragen gleich austauschen und dass sich dadurch eine gute Vertrauensbasis als Grundlage für unsere erfolgreiche Zusammenarbeit bildet." „Ja, das wünsche ich mir auch. Am besten kommen Sie auf mich zu, wenn Sie Fragen haben und das gleiche werde ich auch tun.

Vielen Dank, dass Sie das Gespräch gesucht haben!"
Erlöst verließ sie den Raum und setzte sich dann zufrieden an ihren Arbeitsplatz. Als Sarah fragend zu ihr schaute, lächelte sie ihr dankbar zu. Sie fühlte sich ganz ausgezeichnet!

Die andere Seite

Am Abend erzählte sie Matthias von ihrem erfolgreichen Gespräch. Er war so stolz auf sie und freute sich mit ihr! Wer hätte das gedacht, dass sie derartig selbstbewusst für sich eintreten könnte! Noch vor zwei Wochen schien ihr das ganz unmöglich!

Als sie sich für ihre Achtsamkeitsübung zurückziehen wollte, kam ihr der Spiegel in den Sinn. Sie zog ihn aus ihrer Tasche und nahm ihn mit ins Gästezimmer. Nachdem sie sich bequem hingesetzt hatte, hielt sie den Spiegel vor sich und betrachtete ihn. Was für eine Überraschung! Hier im Dämmerlicht sah der Spiegel vollkommen intakt aus. Von den Rissen und der blinden Oberfläche war nichts mehr zu sehen! Ihr Spiegelbild konnte sie ohne weiteres erkennen. Wie war das möglich? An die Heilkräfte ihrer Tasche wollte sie dann doch nicht glauben. Welche andere Erklärung blieb aber statt dessen? Wieder vibrierte der Spiegel, das Leuchten lief über seine nun klare Fläche. „Ich danke Euch! Ihr habt das Wunder vollbracht und mich erlöst! Schaut, ich kann wieder sehen!!" „Ja, aber damit habe ich doch gar nichts zu tun! Wie ist das denn geschehen?" „Nun, ich sagte es Euch ja schon, als Ihr mich endlich im Laden abholtet, dass es eine mysteriöse Verbindung zwischen uns gibt. In dem Maße, wie Ihr selbst Erfolge in Eurer Entwicklung erreicht habt, bin ich erlöst worden." Sie konnte es nicht glauben. Das musste ein Zufall sein. Aber halt, Zufälle gab es ja nach Ansicht des Spiegels nicht… Er sprach weiter: „Zum Dank für meine Erlösung will ich Euch nun in die andere Welt begleiten. So viele Jahre bin ich nicht mehr dort gewesen. Nun kann ich es kaum mehr abwarten, mit Euch dorthin zu reisen!" „Moment mal, vielleicht will ich ja aber gar nicht in die andere Welt?!" „Es wird sich für Euch lohnen, Ihr werdet schon sehen. Eigentlich müsst Ihr auch nicht wirklich viel tun. Ihr könnt Euch einfach ganz bequem hier auf Eurer Matte ausstrecken. Alles weitere erledige ich." Das klang schon weniger gefährlich. Sie würde also bei der Reise in diesem Raum bleiben. Darauf konnte sie sich einlassen. Sie legte sich auf die Matte und gab dem Spiegel ein Signal als sie bereit war. Zuerst sprach der Spiegel einige Worte, die sie in eine angenehme Entspannung führten. Dann fuhr er fort: „Nun stellt Euch vor, wie Ihr in mich, den Spiegel, schaut und dann durch mich hindurch in Euer Spiegelbild eintretet..." Sie folgte dem Vorschlag des Spiegels. „Schaut Euch nun in Eurer neuen Umgebung um, in der Euer Spiegelbild lebt. Wie sieht es hier aus? Was könnt Ihr hören? Oder riechen? Wie kalt oder warm ist es hier? Welche Tageszeit wird es wohl sein?" Kaum war sie durch den Spiegel getreten, fand sie sich auf einmal in einer ganz anderen Umgebung wieder. Sie stand am Rand einer Waldlichtung, es war gegen Mittag, Sonnenschein wärmte sie angenehm. Der Wald hinter ihr rauschte, vereinzelt drang Vogelgesang an ihr Ohr. Sie roch den frischen und würzigen Geruch des Waldes, gemischt mit dem süßen Duft der Lichtung, auf der verschiedenste Blumen blühten. „Wenn Ihr Euch mit Eurer Umgebung vertraut gemacht habt, dann bittet nun einen Begleiter, sich Euch zu zeigen... Bleibt dabei ganz offen für alles, was Euch begegnen wird." Sie schaute sich um. Weit und breit war kein Begleiter zu sehen. Sie war ganz allein auf dieser Lichtung. Lediglich ein großer, herrlich bunter Schmetterling war zu sehen, der von Blüte zu Blüte torkelte. Aber das konnte ja nicht ihr Begleiter sein. Sie wendete sich ab und suchte weiter. Als ihr Blick irgendwann über ihren Oberarm streifte, erblickte sie den Schmetterling, der sich inzwischen dort niedergelassen hatte. „Betrachtet Euren Begleiter genau. Wie sieht er aus? Wie groß ist er? Wirkt er gesund? Was fällt Euch an ihm auf?" Also doch er? Der Schmetterling war ungewöhnlich groß. Viel größer als sie es von ihren seltenen Spaziergängen mit Matthias kannte, bei denen sie den einen oder anderen Schmetterling gesehen hatten. Dieser hier hatte eher die Größe eines tropischen Schmetterlings. Auch seine Farben waren ihr von den heimischen Faltern unbekannt. Er hatte dieses herrliche Blau in einigen Tupfen auf seinen Flügeln! Es schien, als schaute er sie aus seinen Facettenaugen interessiert und ein wenig amüsiert an. Seine Fühler wippten elegant auf und ab. Die Flügel hielt er geöffnet, so dass sie seine Farben bewundern konnte. „Begrüßt nun Euren Begleiter. Fragt ihn, was er Euch sagen möchte und ob er etwas von Euch braucht." Sie folgte den Anweisungen des Spiegels und begrüßte den Schmetterling, auch wenn sie sich dabei etwas albern vorkam. Beinahe wäre sie überrascht zurückgetreten, als ihr der Schmetterling antworte: „Ich grüße Euch ebenfalls. Herzlich willkommen! Ihr habt Euch einen ganz wunderbaren Tag für Euren Besuch ausgesucht! Kommt, ich zeige Euch meine Wiese!" Er erhob sich von ihrem Arm und flatterte fröhlich vor ihr her, während sie ihm verblüfft folgte. „Seht, diese Blume mit den gelben Blütenblättern hat einen ganz besonders köstlichen Geschmack. Probiert selbst!" Plötzlich hatte sie an Stelle ihrer Nase einen Rüssel, den sie wie selbstverständlich in den Blütenkelch senkte, um den Nektar zu erreichen. Hmm, wirklich lecker! „Und diese Blume erscheint zwar klein und unbedeutend, aber ihr Nektar ist einzigartig!" Während sie ihren Rüssel vorsichtig in die Blüte steckte, naschte der Schmetterling von einer benachbarten Blüte der gleichen Art.

Tatsächlich, der Geschmack war deutlich anders als bei der ersten Blüte und einfach wunderbar. Sie spürte überrascht, dass der Nektar nicht nur hervorragend schmeckte, sondern ihr gleichzeitig, wie nebenbei, ganz neue Kräfte verlieh. „Und diese Blüte mit den roten Blütenblättern hat einen recht würzigen Geschmack." Während sie so mit dem Schmetterling von Blüte zu Blüte wanderte und überall probierte, merkte sie nicht, wie sich immer mehr Pollen an ihr anhaftete. Der Schmetterling wies sie schließlich darauf hin und riet ihr, ihn zu einer Kugel zusammenzukneten und einzustecken. Der Pollen fühlte sich ganz seltsam an. Einerseits war er irgendwie staubig, andererseits haftete er so stark an ihren Fingern, dass es ihr nur schwer gelang, daraus eine Kugel zu formen. Schließlich schaffte sie es aber doch. Sie steckte die Kugel ein. „Nun, wie fühlt Ihr Euch? Seid Ihr bereit für einen kleinen Rundflug?" Sie riss die Augen auf. Wie sollte das denn gehen? Aber noch ehe sie diese Frage fertig gedacht hatte, spürte sie schon, wie Flügel, die sich plötzlich auf ihrem Rücken entfalteten, kräftig schlugen und sie hob ab. Hui, das war neu! Ihr pfiff der Wind um die Ohren während sie versuchte, den Anschluss an den Schmetterling nicht zu verlieren. Nach dem ersten Schreck schaute sie schließlich auch nach unten und sah die Lichtung bunt und grün unter sich liegen. Ein herrlicher Anblick! Und was für ein großartiges Gefühl fliegen zu können!... Sie stiegen höher und höher. Konnten Schmetterlinge überhaupt so hoch fliegen? Dieser offensichtlich schon. Inzwischen weitete sich der Blick über die Lichtung hinaus auf den umgebenden Wald. Es war ein großer Wald! Wohin das Auge sah, wuchsen hohe, alte Bäume dicht an dicht. Aber nein, dort hinten war eine Anhöhe und darauf stand ein großes Gebäude, ein Schloss! Der Schmetterling steuerte direkt darauf zu. Ob das eine gute Idee war? Wer konnte dort wohnen? Ihr gingen verschiedene Möglichkeiten durch den Kopf, vom gütigen König über einen schönen Prinzen oder einen Drachen bis hin zu einem bösen Zauberer. Moment mal, hatte der Spiegel nicht von einem Zauberer berichtet, der sich damals überhaupt nicht über Besuch gefreut hatte? Sie versuchte, zum Schmetterling aufzuholen, um ihn von seinem Kurs abzubringen. Dieser beschleunigte aber ebenfalls, so dass sie sich dem Schloss nur noch schneller näherten. Was konnte sie tun? Abbiegen, umkehren, allein zurückfliegen? Das kam ihr nicht richtig vor. Und schließlich blieben ja auch noch die Optionen gütiger König und schöner Prinz. Also erst einmal weiter. Sie flogen nicht direkt bis zum Schloss, sondern landeten bei einigen Blumen entlang eines Weges, der zum Schloss führte. Sofort begann der Schmetterling wieder zu trinken und auch sie tauchte ihren Rüssel ein, um den köstlichen und kraftspendenden Nektar zu probieren. Außer Kraft strömten auch Mut und Heiterkeit von der Blüte zu ihr. Gerade wollte sie sich der nächsten Blüte zuwenden, als ein Schatten auf sie fiel. Sie drehte sich um. Vor ihr stand ein riesiger, uralter Zauberer, der zornig auf sie herab sah. Ihr schoss der Satz durch den Kopf: „Gewalt ist nur der misslungene Ausdruck eines unerfüllten Bedürfnisses." Sie hatte den Eindruck, dass es gut wäre, schnellstens dieses Bedürfnis herauszufinden und eine alternative Lösung anzubieten! Sonst würde diese Begegnung wohl nicht gut für sie ausgehen. „Was wollt Ihr schon wieder hier? Hatte ich mich nicht eindeutig ausgedrückt? Und hatte ich diesen Spiegel nicht erblinden lassen, damit Ihr mich ein für allemal in Ruhe lasst?" Es musste sich um eine Verwechslung handeln. Sie schielte zum Schmetterling hinüber. Dieser deutete eine Verbeugung an. Schnell verbeugte sie sich vor dem Zauberer. „Oh großer Zauberer, es war ganz sicher nicht unsere Absicht, Euch in Eurer Ruhe zu stören. Viel eher wollten wir…."… ein Blick zum Schmetterling… er deutete einen Ball an… „Euch ein Geschenk machen!" Sie zog die Pollenkugel hervor und hielt sie dem Zauberer entgegen. Seine faltigen Gesichtszüge veränderten sich. Der Zorn verschwand und verwandelte sich in Überraschung. Dann wurden seine Züge weicher und schließlich breitete sich Freude auf seinem Gesicht aus. Dankbar nahm er die Pollenkugel und legte sie vorsichtig auf seine Handfläche als wäre sie sehr kostbar. Während er die Kugel betrachtete sprach er: „Woher wusstet Ihr? Meine Vorräte sind schon seit vielen Jahren aufgebraucht und es ist mir nicht gelungen, neuen Pollen zu sammeln. Jedes Mal zerbröselte er mir zwischen den Fingern. Nun kann ich endlich mein Heilmittel vollenden, an dem ich schon so lange arbeite!" Er wendete sich ihr wieder zu. „Habt vielen Dank für dieses kostbare Geschenk! Ich möchte Euch und Euren Freund in mein Schloss einladen. Dort zeige ich Euch, wofür ich diesen Pollen brauche." Sollte sie dieser Einladung folgen? Der Schmetterling nickte ihr zuversichtlich zu.

Das Elixier

Im Schloss war es ganz anders als erwartet. Statt kalter und unwirtlicher Mauern waren die Gänge, durch die sie schritten, kunstvoll bemalt oder mit Teppichen behängt. Der Raum, den sie nun betraten, wurde durch ein Feuer behaglich erwärmt und war gemütlich eingerichtet. Der Zauberer bot ihnen einen Willkommenstrunk an, der fruchtig und süß schmeckte. Kaum hatte er ihn getrunken, begann der Schmetterling, ein gutes Stück zu wachsen. Zufrieden schaute er an sich herab, als habe er das erwartet. Sie selbst hatte den Eindruck, dass sie durch den Trank nicht äußerlich, sondern innerlich verändert wurde. Klarheit und Tatkraft breiteten sich in ihr aus. Der Zauberer wirkte einverstanden mit dem Ergebnis seines Tranks, aber auch etwas ungeduldig. Er konnte es scheinbar kaum erwarten, den Pollen auszuprobieren. Sobald sie ausgetrunken hatten, führte er sie zu einer kleinen Tür am Ende des Raumes. Sie traten in ein Labor. Überall brodelte und zischte es, aus manchen Röhrchen spritzte eine grüne oder auch eine violette Flüssigkeit. Der Zauberer ging zielstrebig auf eine Apparatur zu, die besonders komplex aussah. Verschiedene Kolben waren über Röhrchen miteinander verbunden. Während einige Gläser erhitzt wurden, kühlte sich die zirkulierende Flüssigkeit in anderen wieder ab. „Viele hundert Jahre habe ich studiert, um diese Rezeptur zu finden. Weitere hundert Jahre brauchte ich, um die Zutaten zusammenzutragen. Als bekannt wurde, woran ich arbeite, lockte das unterschiedliche Interessenten an, die versuchten, es mir abzukaufen oder, da ich dazu nicht bereit war, es zu stehlen. Deshalb musste ich immer auf der Hut sein und Fremde vertreiben bevor sie die Gelegenheit hatten, sich hier genauer umzusehen. Leider ging mir bei meinem letzten Versuch eine wichtige Zutat, nämlich der Pollen aus. So konnte ich mein Experiment nicht beenden und hatte schon fast die Hoffnung aufgegeben, jemals das Resultat zu sehen." „Was ist denn Euer Ziel?" „Ich möchte ein Elixier herstellen, das den Menschen hilft, wieder zu erkennen, was das wichtigste auf dieser Welt ist." „Und was ist das?"

„Die Liebe natürlich!" Ohne weitere Fragen abzuwarten, wendete er sich nun der Apparatur zu, nahm die Pollenkugel und ließ sie ganz vorsichtig in einen Kolben fallen. Dort löste sich die Kugel sofort auf und der Pollen verteilte sich in der Flüssigkeit. Wo er ankam, veränderte sich die Farbe der Flüssigkeit im Kolben! Sie beobachteten, wie sich die Farbe in einem Kolben nach dem anderen wandelte. Ein prachtvolles Farbenspiel lief über die gesamte Apparatur. Als es zur Ruhe kam, war die Flüssigkeit vollkommen golden und strahlte ein zauberhaftes Licht aus. Alle drei standen sie versunken lächelnd in diesem Licht. Der Zauberer riss sich zuerst los und begann zu jubeln. „Fantastisch! Es hat funktioniert! Endlich!" Ohne sich noch lang aufzuhalten, füllte er nun die Flüssigkeit gekonnt in eine Ampulle und machte sich zügig auf den Weg zu seinem Schlossturm. Der Schmetterling und sie folgten ihm. Als sie oben ankamen, stand der Zauberer schon an der Brüstung und formte aus der goldenen Flüssigkeit Seifenblasen. Mit Hilfe seines Atems entstanden zarte goldene Kugeln, die er vom Turm aus auf die

Reise schickte. Eine nach der anderen wurde vom Wind erfasst und fortgetragen. Nach einiger Zeit schwebten überall diese goldenen Blasen und verteilten sich weiter in alle Richtungen. Sobald eine zerplatzte, lief eine goldene Welle durch die Luft und ein milder Glanz senkte sich über die Landschaft.

Wie es schien, nahm die Flüssigkeit in der Ampulle kein Ende. Eine Seifenblase nach der anderen flog davon. Der Zauberer war ganz in sein Werk vertieft. Sie schaute den Schmetterling an. Er nickte schweigend. Hier gab es nichts mehr für sie zu tun. Leise zogen sie sich zurück und verließen das Schloss. Dann erhoben sie sich in die golden glänzende Luft und flogen selig zur Lichtung zurück. „Geht nun wieder in Eure Welt und schaut, welche Auswirkungen die Seifenblasen des Zauberers haben. Falls nötig, helft nach, damit sie ihre Wirkung entfalten können. Und besucht uns bald wieder! Ich bin gespannt, was Ihr zu berichten habt!" Sie verabschiedete sich vom Schmetterling und bedankte sich für dieses wunderbare Erlebnis. Dann drehte sie sich um... und befand sich wieder in ihrem Gästezimmer. Der Spiegel vibrierte ein wenig während ein Leuchten über seine makellose Oberfläche lief.

Übungsübersicht:

1. Genussvolles Essen

2. Die vier Lebensbereiche

3. Energieaustausch mit einer Pflanze

4. Wasserfall-Übung

5. Achtsamkeitsübung Atem

6. Arbeit mit den Anteilen

7. Graves Modell

8. EFT Klopfakupressur

9. ACT – Entschärfung eines Gedanken

10. Gewaltfreie Kommunikation GFK

11. Social Presencing Theater

12. Aktive Imagination

Zu einigen Übungen finden Sie Audio-Anleitungen, die Ihnen die Durchführung der Übung erleichtern können, auf der Website der Autorin unter www.besinnungshelfer.de.

Notizen zu den Übungen

Notizen zu den Übungen

Notizen zu den Übungen

Literaturtipps zum Weiterlesen:

Martina Bär-Sieber, Rainer Krumm, Hartmut Wiehle: Unternehmen verstehen, gestalten, verändern. Das Graves-Value-System in der Praxis. Springer Gabler Verlag

David Feinstein, Donna Eden, Gary Graig: Klopf die Sorgen weg! Emotionale Befreiung durch EFT und Energetische Psychologie. Rowohlt Taschenbuch Verlag

Eligio Stephen Gallegos: The Personal Totem Pole Process. Animal Imagery, The Chakras and Psychotherapy. Moon Bear Press

Russ Harris: Wer dem Glück hinterherrennt, läuft daran vorbei. Ein Umdenkbuch. Wilhelm Goldmann Verlag

Klaus Jork, Nossrat Peseschkian (Herausgeber): Salutogenese und Positive Psychotherapie. Gesund werden - gesund bleiben. Hogrefe AG

Verena Kast: Imagination. Zugänge zu inneren Ressourcen finden. Patmos Verlag

Esther und Johannes Narbeshuber: Mindful Leader. Wie wir die Führung für unser Leben in die Hand nehmen und uns Gelassenheit zum Erfolg führt. O. W. Barth Verlag

Kristin Neff, Chris Germer: Selbstmitgefühl – Das Übungsbuch: Ein bewährter Weg zu Selbstakzeptanz, innerer Stärke und Freundschaft mit sich selbst. Arbor Verlag

Nossrat Peseschkian: Wenn du eine hilfreiche Hand brauchst, so suche sie am Ende deines eigenen Armes. Weisheitsgeschichten aus dem Orient. Verlag Herder

James Redfield: Die Prophezeiungen von Celestine. Ein Abenteuer. Ullstein Buchverlage GmbH

C. Otto Scharmer: Essentials der Theorie U: Grundprinzipien und Anwendungen. Carl-Auer Verlag GmbH

Gunther Schmidt: Liebesaffären zwischen Problem und Lösung. Hypnosystemisches Arbeiten in schwierigen Kontexten. Carl-Auer Verlag GmbH

Maja Storch: Das Geheimnis kluger Entscheidungen. Wilhelm Goldmann Verlag

Zu einigen Übungen finden Sie Audio-Anleitungen, die Ihnen die Durchführung der Übung erleichtern können, auf der Website der Autorin unter www.besinnungshelfer.de.

Nachwort

Ich bin der festen Überzeugung, dass Menschen, die eine gute Verbindung zu sich selbst pflegen, häufiger

- Freude im Leben empfinden

- kein Interesse daran haben, anderen zu schaden

- den Wert unseres Daseins auf dieser Erde schätzen

- die Verbundenheit mit allem spüren

- die Beziehung zu Menschen und zu unseren Mitgeschöpfen genießen

- die Natur bewundern

- ihre Verantwortung für all dies erkennen

- entsprechend handeln.

Deshalb habe ich in diesem Buch einige der Übungen vorgestellt, die ich in meiner Beratungspraxis als besonders hilfreich und wirkungsvoll erlebt habe, um mit sich selbst immer besser in Kontakt zu kommen. Die Reihenfolge der Übungen folgt hier der Dramaturgie der Geschichte. In der individuellen Anwendung wird sicher die eine oder die andere Methode unterschiedliche Menschen stärker ansprechen, so dass sich Präferenzen herausbilden. Es kommt auf den Versuch an, deshalb enthält das Buch auch einen Bereich für Notizen, in dem Sie Ihre Erfahrungen mit den Übungen festhalten können. Viele der Übungen lassen sich direkt, nach ein wenig Recherche oder mit Hilfe der Audio-Anleitungen selbständig anwenden. Für andere Übungen ist es besser, eine professionelle Begleitung zu haben, um eine vertiefte Bearbeitung der eigenen Themen zu erreichen. In jedem Fall ersetzen die Inhalte dieses Buches nicht die ärztliche oder psychotherapeutische Hilfe bei bestehenden Erkrankungen oder Erkrankungssymptomen.

Ich bin mir sicher, dass wir gemeinsam viel mehr erreichen können, als wir es uns heute vorstellen. Deshalb freue ich mich, dass Sie Leserin beziehungsweise Leser meines Buches sind! Ich wünsche Ihnen spannende Erlebnisse und viel Erfolg auf Ihrem Weg zu sich selbst!

Anke Larro-Jacob im Sommer 2020

Dank

Ich bedanke mich bei allen, die mich auf meinem bisherigen Weg begleitet haben und noch begleiten:

- meiner Familie, die mich bedingungslos liebt, mir Sicherheit, Geborgenheit, Freude und auch Gegenwind und Wachstumsraum gibt,

- meinen Freunden, die mich mit ihrer Sicht auf die Dinge immer wieder in Bewegung bringen und stärken,

- meinen Kolleginnen und Kollegen dafür, dass wir gemeinsam auf einer Entdeckungsreise sind, vertrauensvoll unsere Erfahrungen teilen und uns gegenseitig unterstützen,

- meinen Kunden und Klienten für ihr Vertrauen, die zahlreichen Entwicklungsimpulse und die gemeinsamen magischen Aha-Momente,

- den Menschen, die ihr Wissen mit mir teilten und mir dadurch im richtigen Moment einen großen Schritt weitergeholfen haben. Besonders hervorheben möchte ich hier: Dr. Gunther Schmidt und Tilman Peschke, Dr. Eligio Stephen Gallegos, Dr. Dietrich Thorspecken, Gerd Geyer und Harald Jäckel, Otto Scharmer und Dirk Bräuninger, Gertrud Fahnenbruck und Prof. Dr. Gert Kaluza,

- Carl Gustav Jung, dessen Arbeit und Weltsicht mich inspirierte

- Gudrun Rathke, die mich mit Methodik und durch ihr Zutrauen zum Erzählen ermutigte und rüstete,

- Anja Oehler und Birgit Neumann-Bieneck, die mich durch ihre intensive Arbeit in meinem eigenen Entwicklungsprozess unterstützt haben,

- den Menschen, die mich aus meiner Mitte brachten, dafür, dass sie meine Weiterentwicklung angeregt haben,

- meinen Haustieren und meinem Garten mit seinen besonderen Pflanzen und Tieren, weil sie mir immer wieder das Gefühl der Verbundenheit schenken und Anlass zur Bewunderung geben,

- meinen Töchtern für ihre Beratung zu Cover und Text

- meinem Mann für die Ermutigung und für das „Rückenfreihalten" zum Schreiben dieses Buches

- Tom Schröder und allen anderen Beteiligten für die tatkräftige Unterstützung zur Realisierung meines Buchprojektes.

Zur Autorin

Anke Larro-Jacob ist Diplom-Psychologin, arbeitet als hypnosystemische Beraterin und steht für kreative Lösungen mit Tiefgang. Sie liebt es, Menschen und Organisationen in ihrem Entwicklungsprozess zu begleiten. Mit den Jahren hat sie einen Schatz von Methoden und Erfahrungen gesammelt. Dieses Buch gewährt einen Einblick in ihre Schatzkiste und lädt dazu ein, das ein oder andere Schmuckstück anzuprobieren. Anke Larro-Jacob lebt mit ihrer Familie im sonnigen Rheinhessen in Deutschland.